幼儿园区域活动指导丛书

幼儿园区域创设与活动指导：

生　活　区

周迎亚　李　芳　翁艳婷　熊姝琪　著

苏州大学出版社

图书在版编目(CIP)数据

幼儿园区域创设与活动指导. 生活区 / 周迎亚等著.
苏州 : 苏州大学出版社, 2024. 11. -- (幼儿园区域活
动指导丛书 / 张晗, 王亚红主编). -- ISBN 978-7
-5672-5004-8

Ⅰ. G612

中国国家版本馆 CIP 数据核字第 2025W7J080 号

You'eryuan Quyu Chuangshe Yu Huodong Zhidao: Shenghuo Qu

书　　名: 幼儿园区域创设与活动指导:生活区
著　　者: 周迎亚　李　芳　翁艳婷　熊姝琪

责任编辑: 方　圆
助理编辑: 周　成
装帧设计: 吴　钰

出版发行: 苏州大学出版社(Soochow University Press)
社　　址: 苏州市十梓街 1 号　**邮编:** 215006
印　　装: 苏州市越洋印刷有限公司
网　　址: http://www.sudapress.com
邮购热线: 0512-67480030
销售热线: 0512-67481020

开　　本: 787 mm×1 092 mm　1/16　**印张:** 11.25　**字数:** 234 千
版　　次: 2024 年 11 月第 1 版
印　　次: 2024 年 11 月第 1 次印刷
书　　号: ISBN 978-7-5672-5004-8
定　　价: 50.00 元

若发现印装错误,请与本社联系调换。
服务热线: 0512-67481020
苏州大学出版社邮箱　sdcbs@suda.edu.cn

总 序

在推进课程游戏化项目的过程中，江苏省教育厅强化了几项基本任务，其中就有深入开展区域活动。区域活动对幼儿园课程的实施来说，是基本的和重要的途径。但在十多年前，这一点并没有得到充分认可。课程游戏化让很多教师认识到区域在课程实施中扮演了重要的角色，组织多样化的区域活动是课程游戏化项目重点关注的工作内容。区域是一种非全班性的组织方式，有助于减少对全班集体活动的依赖，有助于推进儿童的小组学习、个别学习，有助于儿童的自主游戏，也有助于满足不同儿童的活动需要。很难想象，没有区域活动的开展，幼儿园如何注重个体差异，实现真正有效的因材施教。因此，区域活动是有助于儿童获得多样化经验，能够顾及儿童个体需要的适合幼儿园课程实施的活动形式，现在已经成为很多幼儿园课程实施的重要途径。

这里所说的“区域”是对班级室内或走廊环境以及场地环境的一种分隔，区域分隔主要是从活动和功能的意义上说的，而不只是从空间意义上说的。不同区域的材料不同、活动不同，能满足儿童不同的需要，能让儿童获得不同的经验，因此区域具有多样性和可选择性。多样性意味着除了一些基本的区域，班级还可以根据课程的需要尤其是儿童的需要，创设新的区域，体现了课程的灵活性和适应性。可选择性意味着儿童的自主性，儿童的需要得到了关照和满足，关注每一个儿童的发展需要就成为可能。

区域活动作为幼儿园课程的主要实施途径，它包含了空间、时间、材料、儿童等要素，不同的儿童会在同一个区域中开展不同的活动。空间、时间、材料等适合儿童，活动就可能顺利开展，儿童就可能获得经验；反之，儿童就可能没有兴趣，活动就难以开展。课程游戏化项目推进的过程中，要努力引导教师研究儿童，研究材料，研究适宜的时间和空间，要努力让区域发挥应有的作用。

区域活动中，教师应注重观察、适当介入、有效指导，为幼儿的主动发展提供条件。教师如放任不管、过于随意，就不可能引发幼儿的深层学习，不可能让幼儿不断面临挑战，也不可能让幼儿形成新的经验。创设丰富多元、灵活适宜的活动区域是幼儿园开展区域活动的基本条件和必要前提。对于幼儿园来说，区域如何规划，是因园、因班而异的，是与幼儿园、班级实际空间、幼儿数量等都密切相关的，甚至不同的季节、不同的天气、不同的主题及幼儿的兴致都可能影响区域的安排。区域规划要有利于幼儿的活动，要符合幼儿身心发展规律和学习特点，有利于幼儿经验的获得。区域的规划应注重多样性、互补性、互动性和发展性。不同的区域有不同的活动和任务，性质也可能各异，不是所有的区域都具有完全相同的功能，但不同区域之间可以进行协调和互动。对区域活动而言，有些区域可能自发性和游戏性更强一些，有些区域可能目的性和探究性更强一些。在区域规划时，一定要将幼儿游戏兴趣与发展需要作为区域设置的重要依据，既确保幼儿的自由游戏时间和空间，又确保幼儿经验的有效发展。

幼儿是在行动中学习的，幼儿与周围环境，尤其是与材料的相互作用，是幼儿获得经验的重要途径。区域活动中教师要研究每一种资源的功能，研究不同资源之间的协同和配合，最大限度地发挥资源的教育价值。要根据幼儿的兴趣和需要，组织和改造资源，将基本资源和辅助资源有机结合起来。要从幼儿的年龄特点出发，确保活动资源的可选择性、可获得性、适宜性和挑战性，要真正满足幼儿活动的需要，促进幼儿持续学习。要深入关注幼儿利用资源进行互动的过程，发现问题，加强指导，使资源在活动的过程中真正转化为幼儿的经验。

“幼儿园区域活动指导丛书”的作者就是基于以上思考，依托江苏省“双师型”名师工作室与江苏省高校“青蓝工程”优秀教学团队的力量，立足幼儿园区域创设与活动实施中的真实问题，在《幼儿园工作规程》《3—6 岁儿童学习与发展指南》《幼儿园保育教育质量评估指南》等文件精神引领下，基于“经验视野下幼儿园区域创设与活动指导”的科学观念与实践策略，对生活区、语言区、角色区、科学区、数学区、建构区、美工区、公共区域等八个不同区域进行系统的研究和总结，凸显了丛书的全面性与引领性。此套丛书既有理论思考，又有实践关怀，让我们看到了幼儿园区域活动的独特魅力与丰富价值。

期待该丛书能为更多幼儿园区域规划、环境创设、活动实施提供有益的借鉴与指导，更好地实现幼儿个性化全面发展的需要，为学前教育高质量发展贡献力量。

虞永平

2024 年 8 月

丛书前言

区域活动是江苏省幼儿园课程游戏化项目的主要建设内容，也是课程游戏化项目推进中的一个难点。苏州市吴江区作为江苏省幼儿园课程游戏化项目区域推进的先行者之一，多年来在区教育局、教研室以及高校专家的引领下，持续深入地对室内区域环境创设与活动指导进行研究探索、反思优化，已形成了相对成熟的理论架构与实践经验，现将实践成果凝练成文并出版，以期与所有幼教同仁共同研讨。

1. 区域活动是践行“游戏是幼儿园基本活动”理念的重要途径

2001 年，教育部颁印的《幼儿园教育指导纲要（试行）》指出，“尊重幼儿身心发展的规律和学习特点，以游戏为基本活动”，“幼儿园应为幼儿提供健康、丰富的生活和活动环境，满足他们多方面发展的需要，使他们在快乐的童年生活中获得有益于身心发展的经验”。基于幼儿经验全面发展需要，创设种类多样、数量丰富的区域，投放充足、适宜的区域材料，可满足幼儿通过“直接感知、实际操作、亲身体验”获取经验的需要。

2. 区域活动是克服幼儿园“小学化”现象的重要策略

2011 年，《教育部关于规范幼儿园保育教育工作　防止和纠正“小学化”现象的通知》指出，“创设适宜幼儿发展的良好条件，整治‘小学化’教育环境。幼儿园要创设多种区域活动空间，配备丰富的玩具、游戏材料和幼儿读物，为幼儿自主游戏和学习探索提供机会和条件”。2018 年，《教育部办公厅关于开展幼儿园“小学化”专项治理工作的通知》提出，“对于未按规定创设多种活动区域（区角），未提供充足的玩教具、游戏材料和图书，缺乏激发幼儿探究兴趣、强健体魄、自主游戏的教育环境的，要调整幼儿园活动区域设置，合理利用室内外环境，创设开放的、多样的区域活动空间，并配备必要的符合幼儿年龄特点的玩教具、游戏材料、图画书”。

3. 区域活动是落实江苏省幼儿园课程游戏化精神的重要内容

2014 年，江苏省教育厅、财政厅《关于开展幼儿园课程游戏化建设的通知》指出，“构建游戏化活动区域。以尊重幼儿兴趣爱好、激发幼儿自主活动为宗旨，根据课程实施进展情况，创建数量充足、种类多样、材料丰富、与幼儿发展相适宜的游戏区域。区域活动中教师注重观察、适当介入、有效指导，为幼儿主动发展提供条件保障”。作为课程游戏化实施的重要载体，不同种类、不同难度的区域活动为幼儿提供了丰富的内容选择与广阔的挑战空间，激发了幼儿的活动兴趣与探索欲望，促进幼儿积极建构新经验，极大地转变了以“端坐静听”为主的教学方式。

4. 区域活动是实现学前教育高质量发展的重要举措

2023 年 7 月，《教育部 国家发展改革委 财政部关于实施新时代基础教育扩优提质行动计划的意见》明确要求，“加快构建幼有优育、学有优教的高质量基础教育体系”。高质量学前教育的核心在于实现每位幼儿在自己原有基础上的最优发展，即个性的全面发展。教育部《幼儿园工作规程》提出，“幼儿园应当根据幼儿的年龄特点指导游戏，鼓励和支持幼儿根据自身兴趣、需要和经验水平，自主选择游戏内容、游戏材料和伙伴，使幼儿在游戏过程中获得积极的情绪情感，促进幼儿能力和个性的全面发展”。

本套丛书共分 9 册：《经验视野下幼儿园区域创设与活动指导》《幼儿园区域创设与活动指导：生活区》《幼儿园区域创设与活动指导：语言区》《幼儿园区域创设与活动指导：角色区》《幼儿园区域创设与活动指导：科学区》《幼儿园区域创设与活动指导：数学区》《幼儿园区域创设与活动指导：建构区》《幼儿园区域创设与活动指导：美工区》《在同构、互融中共生——幼儿园公共区域创设与活动指导》。全套书由总到分，系统涵盖幼儿园主要区域类型，指向幼儿经验全面发展需要。当然，本套丛书也是一个开放的体系，后续的音乐区等相关区域如有好的探索成果，我们会继续丰富。

本套丛书的每一分册都从一个区域的研究现状与趋势出发，链接《3—6 岁儿童学习与发展指南》，从核心价值与联动价值两个方面分析区域活动经验价值；基于区域价值的实现进行区域创设，包括空间规划、环境创设、材料投放、规则与标识创设等；在区域创设的基础上，放手让幼儿自主活动，教师进行观察、倾听，适时、适宜地进行区域活动的指导；探索不同区域之间、区域活动与其他活动之间的有机联系、相互渗透的路径与方法。本套丛书将理论与实践有机结合，注重案例启发，对开展幼儿园区域活动有较好的借鉴意义。每册书图文并茂，区域创设、活动指导的路径与策略通俗易懂，旨在为幼儿园教师提供全面、实用的指导方案。

本套丛书的顺利出版得益于江苏省“双师型”名师工作室和江苏省高校“青蓝工程”优秀教学团队的资助，得益于苏州幼儿师范高等专科学校、吴江区教育局的大力支持。本套丛书是全体作者共同努力的成果，编写时借鉴、参考了国内外已有的研究成果，在此向一路上给予支持与帮助的领导、前辈和同行表示由衷的感谢！

本套丛书参与者较多，尽管每个人都尽了很大努力，但由于研究能力所限，丛书内容尚未完全达到理想的状态，难免存在错误、缺漏和不当之处，敬请广大读者批评指正！

张　晗　王亚红

2024 年 8 月

前言

生活自理能力是每个人必备的基本技能，尤其对幼儿来说，培养生活自理能力对他们的成长有着重要且长远的意义。幼儿园生活区是培养幼儿生活自理意识和能力的重要场所，能帮助幼儿形成有益于健康的行为，促进他们身心健康发展。

本书集中展示了江苏省汾湖高新技术产业开发区城区幼儿园生活区探索与实践的最新成果，在明晰生活区的内涵、经验价值的基础上，将理论引领、经验总结与案例分析相结合，重点构建生活区的空间规划、环境创设、规则与标识创设、材料投放、活动实施与指导及与其他活动融合等内容。全书涵盖了各年龄段幼儿生活区创设与活动指导的全要素，图文并茂，案例丰富，可操作性强，能为幼儿园教师及学前教育师范生开展生活区活动提供借鉴与参照。

本书共分为七章：生活区概述；生活区活动经验价值；生活区空间规划与环境创设；生活区规则与标识创设；生活区材料投放；生活区活动实施与指导；生活区活动与其他活动融合。

本书具有三个显著特点：(1) 系统性。本书以《幼儿园工作规程》《幼儿园教育指导纲要（试行）》《3—6岁儿童学习与发展指南》为依据，注重体现幼儿园生活区创设与活动指导的教育观念及发展趋势。内容系统、全面，从基本概念到实践探索，为读者全面认识生活区创设与活动指导提供借鉴。(2) 实用性。本书涵盖了幼儿园生活区创设与活动指导的基本概念、经验价值、环境创设、活动指导等内容，总结实践经验与教学智慧，形成简单、易于操作的策略参照，给予读者启示和借鉴。(3) 实践性。本书以幼儿园生活区创设与活动指导为主线，既有基本理论的阐述，又有实践应用的分析，为读者提供了真实的案例。这些案例来自幼儿园一线教师的活动实践，虽然不够完美，但体现了幼儿园生活区创设与活动指导的理念和方法，可以满足读者了解幼儿园生活区创设与活动指导的需要。

本书是笔者多年探索与实践的结晶，虽已历经多次修改与完善，但难免还存在不足之处，敬请广大幼教同行、读者批评指正！

目　录

第一章 寻根觅源 知常达变

——生活区概述

本章简介

生活区是幼儿园区域活动创设的重要组成部分，幼儿可以在做做玩玩中体验生活，获得生活技能，提高生活自理能力。本章将从生活区的内涵与价值、生活区的相关研究、生活区探索与实践历程三方面进行阐述，向读者介绍生活区的基本概念、相关观点等。

思维导图

- 生活区概述
  - 生活区的内涵与价值
    - 生活区的内涵
    - 生活区的价值
  - 生活区的相关研究
    - 国内相关研究
    - 国外相关研究
  - 生活区探索与实践历程
    - 观念变化——从无视到重视
    - 内容变化——从浅显到真实
    - 形式变化——从单一到联动

第一节　生活区的内涵与价值

一、生活区的内涵

（一）生活区的概念

生活，《现代汉语词典》（第7版）中是这样解释的：人或生物为了生存和发展而进行的各种活动。它既包含以重复、琐碎、习惯为特征的日常活动，也包含人类为了提高生存和生命质量而进行的有目的的特殊活动。

生活区，顾名思义，就是培养幼儿生活技能、生活习惯的区域。生活区活动即教师创设生活情境，提供各种与生活相关的材料，让幼儿进行操作练习的活动。这些操作练习包括使用勺子、筷子，穿、系鞋带，穿、叠衣服，开、拧瓶盖，串珠子，绕毛线，梳辫子，择菜，切瓜，洗盆，等等。只要是能培养幼儿手眼协调能力、生活自理能力的活动都能在生活区中进行。在生活区，幼儿可以轻松、快乐地进行各种生活小体验，学习一些简单的、基本的生活技能，发展动手能力，提升自我服务水平。

（二）生活区的特征

1. 内容生活化

处于3—6岁的幼儿的认知能力还不强，尚处于探索社会的萌芽阶段，但是与生俱来的好奇心会引导幼儿去探索未知事物，在亲身经历中幼儿可以得到关于某种事物或某种现象的直接经验。陶行知“生活即教育”的理念也告诉我们，教育的内容、教育的方法、教育的环境都可以从生活中来。幼儿是在生活中学习，在学习中生活的。生活区内容只有从幼儿实际的生活经验和成长需要出发，才能为幼儿开发出源源不断、行之有效的课程资源。因此，教师在为幼儿设计生活区内容时应关注来自幼儿生活中的信息，从幼儿的实际生活经验和成长需要中提炼出学习内容，这样的活动才会充满教育契机。例如，大班开展的“好喝的豆浆”活动，以营养的早餐为切入点，幼儿从生活区拿取黄豆，并开展选豆子、泡豆子、磨豆子、煮豆浆等一系列操作，动手探索和体验生活，无形中锻炼了他们的生活技能。

2. 材料生活化

幼儿的学习以直接经验为基础，真实的材料可以让幼儿更直观地认识材料，掌握操作的方法，所以幼儿的操作材料要源于生活。生活化的操作材料是建立在幼儿生活经验的基础上的，使幼儿有一定的熟悉感，可以被幼儿理解和接受，亦可以激发幼儿的兴趣。皮亚杰指出，儿童的智慧源于材料。幼儿在认识和探索材料的过程中成长和发展。投放生活化的操作材料，更能实现生活区的教育价值。因此，教师在收集材料时需要注意生活化，尽可能提供真实的、可供幼儿进行多种生活实操体验的材料。比如，小班教师可以准备一些花生、豆子、糖果等，来锻炼幼儿的剥、抓、倒等动手能力；也可以提供给娃娃穿的不同款式的衣服，这些衣服有扣纽扣的、拉拉链的、套头的等，供幼儿自由取用，在给娃娃穿衣服的生活情境中锻炼幼儿的扣、拉、套等动作技能。

3. 环境轻松自在

蒙台梭利认为，教育对儿童的巨大影响，是以环境作为工具，让儿童受到环境的浸染，从环境中获得一切，并将其化为己有。要真正体现环境对幼儿发展的价值，生活区环境必须从幼儿的视角出发，体现幼儿的立场。

首先，生活区环境要使幼儿产生安全感。这种安全感是指幼儿在身体和心理上从恐惧、焦虑中脱离出来的一种信心和自由的感觉。安全感是幼儿心理需要中的第一要素，是人格中最基础、最重要的一部分。这种感觉能稳定幼儿的情绪，缓解幼儿的内心焦虑。心理学实验结果显示，人们对于环境的适应能力是随着年龄的增长逐渐增强的。因此，对于经验少、抗挫能力弱的幼儿来说，安全的环境是首要的。

其次，生活区环境要使幼儿产生归属感。归属感又称隶属感，是指幼儿与其所属群体之间的一种内在联系，是一种被他人或团体认可与接纳的一种感受。缺乏归属感，幼儿会对自己从事的活动缺乏热情、兴趣，责任感不强。从心理层面来说，幼儿害怕孤独和寂寞，他们希望自己归属一个群体。马斯洛认为，归属和爱的需要是人的重要心理需要，只有满足这一需要，人们才有可能自我实现。因此，教师创设的环境应是高质量的，能帮助幼儿建立集体归属感，并积极、愉悦地参与到活动中去。

二、生活区的价值

1. 发展幼儿的手眼协调能力

手眼协调能力是指个体在视觉配合下手的精细动作协调配合的能力。从婴儿的抓握动作发育可以看到，婴儿期抓握动作出现了初步的手眼协调，但是这些动作往往还不是准确而灵活的。幼儿在接触日常生活中物体的过程中，由于成人反复示范和幼儿不断模仿，幼儿逐步学会了熟练地摆弄和运用物体，如用茶杯接水喝，用勺子吃东西，穿衣服，戴帽子，洗手等。

在生活区，幼儿可以大胆自主地模拟练习生活活动。幼儿在情境化环境中模拟生活中的场景，不断在熟悉的环境中自如地调动原有的生活经验，“实习”各种生活活动，逐渐提升手眼协调能力。

2. 发展幼儿的精细动作能力

精细动作能力是指个体主要凭借手和手指等部位的小肌肉或小肌肉群的运动，在感知觉、注意等多方面心理活动的配合下完成特定任务的能力。手部动作及在此基础上形成的抓握动作和依靠手眼协调来实现的绘画、写字及生活自理动作，是儿童精细动作能力发展的总体表现。《3—6 岁儿童学习与发展指南》（以下简称《指南》）指出，手的动作灵活协调，要求创造条件和机会促进幼儿手部的精细动作发展。

在生活区，教师可以提供多种多样的游戏材料，创设各种各样的游戏活动来帮助幼儿锻炼手部精细动作发展，如串珠子，夹豆子，夹夹子，扣扣子，系鞋带，开锁，择菜，使用剪刀、勺子等。在与这些材料互动的同时，幼儿可以锻炼捏、握、拧、撕、推、抓、刮、拨、拍等由小肌肉群所组成的精细动作。有研究表明，经常活动手指能够刺激大脑的活跃度，改善脑部记忆力，提高思维能力。因此，培养幼儿手部精细动作的能力特别重要，幼儿做好手脑协调，不仅有利于开发幼儿的思维能力，而且能促进幼儿认知系统的发展。

3. 培养幼儿的生活自理能力

《幼儿园教育指导纲要（试行）》（以下简称《纲要》）指出，幼儿应当做到生活、卫生习惯良好，有基本的生活自理能力。幼儿的生活自理能力是指幼儿在生活中自己照料自己的行为能力。生活自理能力与幼儿的生活、卫生习惯有着密切关系，幼儿在幼儿阶段掌握基本的生活技能，学会照顾自己，习得基本的生活自理能力，有利于促进身心健康，增强学习品质，提升适应集体生活的能力，从而促进幼儿全面和谐发展，为后续其他能力的提升奠定基础。

在生活区，幼儿可以穿、脱衣物，叠毛巾，煮茶，倒水，择菜，烹饪，清洗碗具，整理橱柜……这些是维持生存及适应生活环境且每天反复进行的，最基本、最具共性的活动。通过这些活动，幼儿的多项技能得到锻炼，最终实现其生活自理能力的提升。

4. 培养幼儿的专注能力

朱智贤提出，专注表现出来的就是注意的一种状态。这种状态主要指的是在固定的一段时间内，幼儿的思维、行动指向并且集中在任务和活动上的状态。个体处于专注的状态下时，往往会只在意活动和任务本身，而对于外部的事物毫不关注。专注能力对幼儿今后的学习与发展有着长远意义。

在生活区，所有的操作都需要幼儿非常专注才能完成，如大班的刺绣，幼儿根据图案穿针引线，这项任务需要幼儿高度集中注意力；又如小班的扣纽扣、拉拉链、喂小动物等活动，这些活动步骤简单，有一定的重复性，有益的重复使幼儿强化了相关技能，同时也培养了专注能力。

第二节　生活区的相关研究

生活区有许多复杂的形式和名称，它也被称为兴趣中心（interest center）、学习区（learning area）、游戏区（playing area）、学习中心（learning center）等。早期的生活区是一个给幼儿创设的有安全感的社会化场所。黄进认为，生活区的来源是出自受“发放空间教育计划”影响的一系列教育实验，之后其概念被各国教育界不断地引进和设计，在 20 世纪 80 年代被我国沿用。学术界对于生活区暂且没有统一的定义，其中具有代表性的观点如下：

华爱华认为，生活区是一种课程表现形式，或者说是课程的一种形态。她提出幼儿园有四大类活动区：表现性活动区（装扮区、表演区、建构区、美工区），探索性活动区（益智区、科学区、沙水区、种植饲养区），运动性活动区（固定运动器械区、可移动器材区、自然游戏区），欣赏性活动区（阅读区、展示区）。原晋霞提出，儿童视角下的生活区需要有倾听儿童的意识，需要重视幼儿参与的过程，需要对幼儿的想法做出回应，需要了解教师的现实困境，需要建构参与共同体。冯晓霞反复强调生活区中需要深度学习，要提供能够持续进行深入研究的时间和空间，适当引进“主题”，搭建教学与游戏的桥梁，尊重幼儿兴趣，激发幼儿探索与深入思考。

一、国内相关研究

陶行知提出生活即教育。他在生活中关注幼儿的成长，主张教育同实际生活相联系，使幼儿在日常生活中获得各种知识、技能、品质。他反对死读书，注重培养幼儿的创造性和独立性。在陶行知看来，教育和生活是同一过程，教育含于生活之中，教育必须和生活结合才能产生作用，他主张把教育与生活熔于一炉。

张雪门认为课程根植于生活，它从生活中来，也在生活中结束，它区别于一般的完全限于教材的活动。首先应注意的是实际行动，凡扫地、抹桌、熬糖及养鸡、养蚕、种蔬菜等，能够让幼儿实际行动的，都应该让他们实际行动。张雪门的思想核心是利用生活环境中日常所见所闻的事物作为教学材料，从幼儿的动机和需要出发，设计和编制课程。他明确提出幼儿园的课程应以儿童的现实生活为中心，建立在儿童现实生活之上，主张把技能、知识、兴趣、道德、体力、风俗、礼节等的经验，都包括在课程里，为幼儿生长提供有价值的材料。

幼儿的学习离不开生活，现实生活中的素材是宝贵的教育资源。生活区的创设应追溯于生活，取材于生活，让幼儿在熟悉的生活中习得经验，在轻松愉快的活动中感受生活的乐趣。

2001 年颁布的《纲要》中对学前教育回归生活的问题，有十分明确的表述：幼儿园应提供丰富健康的生活环境，使幼儿在快乐的童年生活中，获得有益的经验，满足幼儿多方面发展需要。2012 年颁布的《指南》将幼儿在健康领域中的学习与发展划分为身心状况、动作发展、生活习惯和生活能力三方面内容。2022 年教育部印发的《幼儿园保育教育质量评估指南》中的评估内容包括卫生保健、生活照料、安全防护三项关键指标，旨在促进幼儿园加强膳食营养、疾病预防、健康检查等工作，建立合理的生活常规，强化医护保健人员配备、安全保障和制度落实，确保幼儿生命安全和身心健康。

由此可见，国家出台的相关政策和文件，助推学前教育更加注重幼儿生活自理能力的发展，幼儿良好生活与卫生习惯的培养，帮助幼儿提高自我保护能力，使其形成受益终身的生活能力。

二、国外相关研究

国外生活教育思想的渊源可以追溯到古希腊时期。柏拉图曾提出，以游戏和讲故事的活动来教育学前幼儿，反对强迫幼儿学习；亚里士多德也提出，幼儿 5 岁以前不应要求幼儿学习课业，以免妨碍其发展，应让幼儿多做运动，让幼儿学会适应寒冷，培养幼儿的意志。这些是西方幼儿教育领域中生活教育思想的萌芽。

19 世纪初，瑞士教育家裴斯泰洛齐在西方教育史上第一次将“教育与生产劳动相结合”这一思想付诸实践，他试图以实践的、教育同生产劳动相结合的方式，培养完整发展并能够独立生活的人，他指出，生活就是最伟大的教育家。

20 世纪 30 年代，西方国家的幼儿园产生了区域活动的教育模式。20 世纪 70 年代，这种教育模式开始流行于美国幼教界，是美国幼儿教育协会大力提倡的一种教学方法。戴·芭芭拉从建构主义理论出发，探讨了区域活动的价值，认为区域活动能够给幼儿带来自主学习知识的乐趣，而借助空间设计及材料投放，能够最大限度地促进幼儿的成长发展。华德福课程中，华德福幼儿园不提倡“正规学习”，所以也就没有固定的课本和作业，幼儿主要是通过耳朵、眼睛、嘴巴和手来模仿与学习，幼儿能运用周围的一切东西，借助想象力把每种东西变成新的或“活”的东西。所以，华德福幼儿园课程实施的方式主要包括玩游戏、讲故事、做美工、艺术表演、户外运动、照料小动物、做家务，等等。这些活动其实就是幼儿的日常生活经历，幼儿可以真正地通过玩来成长，整个活动中，幼儿身心都是自然的，没有被强迫。

综上所述，生活教育理念下的生活区已被广泛关注与研究。研究者们认为，幼儿园生活区对于幼儿的认知成长有着积极的影响。在生活区，幼儿需要通过观察、思考、实践和反思等过程来解决问题，这有助于培养幼儿的操作能力、创造能力和思维能力。他们提倡将教育和生活相联系，让生活教育理念在教育教学过程中被充分地运用，促使幼儿成为生活的主人，成为自己的主人。

第三节　生活区探索与实践历程

一、观念变化——从无视到重视

在幼儿园生活区创设中，有一部分幼儿园教师认为生活区可有可无，甚至有教师认为幼儿的生活技能和生活习惯可以在日常生活活动中进行培养，无须开设生活区。幼儿园日常生活活动是指幼儿一日活动中的各个生活环节的日常活动。它包括入园、晨检、早操、进餐、饮水、散步、午休、盥洗、如厕、离园等，是对幼儿进行全面教育的重要途径。而生活区的创设指向幼儿生活能力的提升，目的性更强，活动内容更聚焦。也有幼儿园创设了生活区，但教师对生活区的认识不足，对其创设的意义和价值不明确，有的教师只是基于幼儿园行政领导的要求应付，有的教师看到同行创设了生活区就盲目跟从等。

近年来，随着学前教育的改革和观念的转变，区域活动越发重要，生活区也活跃起来，受到了广大学前教育工作者的关注和重视。更多教师的教育观念得以更新，他们意识到生活区对幼儿成长的重要作用，遵循以幼儿为中心的教育理念创设生活区，使幼儿在亲身操作中提高生活技能，积累生活经验。

二、内容变化——从浅显到真实

之前，很多教师对生活区的创设感到既熟悉又陌生，设计生活区的活动，总是会让他们感到“头疼”，不知道可以投放哪些操作材料，不知道可以创设哪些游戏活动，以至于一直开展着传统的夹豆子、喂娃娃、绕毛线等活动。由于教师对生活区的核心价值不清晰，对幼儿的年龄特点不了解，导致生活区活动一成不变，甚至笔者在某幼儿园看到大班生活区中还开展着单一的绕毛线活动。

随着教师对生活区的认识逐渐加深，生活区的活动也不断丰富起来，教师也在思考生活区活动能给幼儿带来什么，如何给幼儿营造真实的体验。很多幼儿园生活区创设了像“家”一样温馨的活动环境，投放了仿真娃娃和各种服饰，幼儿在“办家家”的游戏情境中锻炼穿脱衣裤、整理物品等技能。还有的幼儿园生活区提供了新鲜的水果，教师引导幼儿清洗、处理水果，制作水果沙拉。幼儿不仅能品尝到自己亲手制作的美味，还能认识并学会使用一些简单的生活工具，同时也能积累制作食物的生活经验。由此可见，生活区的活动贴近现实生活，注重幼儿的真实体验。

三、形式变化——从单一到联动

在幼儿园区域活动中，教师一般都会创设语言区、建构区、科学区、角色区、生活区、美工区、数学区……每个区域都有特色，幼儿每天在区域里愉快地完成教师预设的活动。整体来看，区域活动在有序地开展着。但仔细看，各区域活动之间的内容是独立的，彼此互不往来或者往来较少。其实，区域活动之间在需要的情况下可以产生联动。《指南》中指出，幼儿的发展是一个整体，要注重领域之间、目标之间的相互渗透和整合，促进幼儿身心全面协调发展。在生活区中，有发展手部精细动作的活动，如刺绣、编织、剥豆子等；有丰富生活经验的活动，如“办家家”、各种简单的美食制作等，这些活动都能与其他区域活动产生联动。刺绣、编织作品可以投放到“超市”进行售卖，也可以举办展览会进行手工艺品展览；制作的美食可以通过“小吃店”的游戏分享给其他同伴……这样的联动可以避免幼儿长时间在生活区活动而产生无聊感，同时，幼儿通过区域联动，与活动的对象、材料、内容产生更加广泛、更有深度的互动，使得活动形式更为丰富，活动水平得到更深层次的提升。

第二章 价值引领　有的放矢

——生活区活动经验价值

本章简介

生活区是让幼儿充分体验生活，培养生活技能，积累生活经验的重要场所，其教育价值不容小觑。本章将围绕生活区活动的经验价值，以《指南》为依据，梳理并分析不同年龄段幼儿生活区经验的核心价值和联动价值，为读者了解与认识生活区活动经验价值提供参考。

思维导图

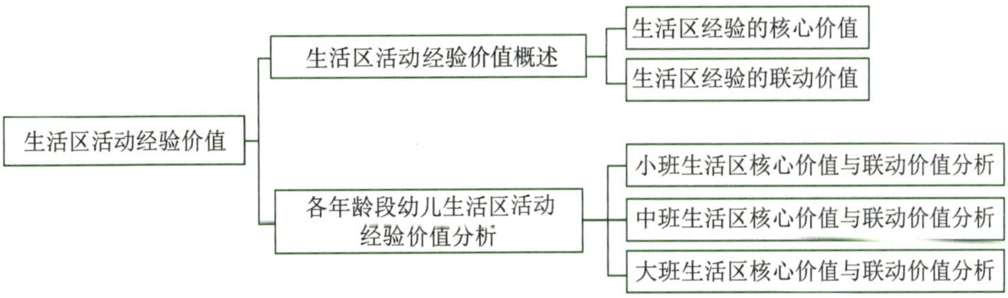

第一节 生活区活动经验价值概述

生活区设置在活动室一个特定的地方，摆放有各种来源于生活的材料，使幼儿在做做玩玩中感知生活，体验生活。生活区的环境与家庭环境非常相似，容易让幼儿感到亲切，找到归属感，帮助幼儿建立自信心。生活区的活动不是简单的操作，不是简单的模仿，而是真实的生活，幼儿通过与活动材料的“互动”，自理能力、劳动技能得到锻炼，也学会如何照顾自己、他人。生活区的活动基于幼儿立场，立足幼儿生活经验，聚焦经验的积累。真实的经验对幼儿的学习十分重要。真实的经验能够为幼儿提供具体的知识，具体的知识能让幼儿清晰地理解，促使他们逐渐建构对生活的理解，激发对生活的思考和行动。

经过大量的文献分析与实践研究，笔者认为生活区经验价值包含核心价值和联动价值两方面。

一、生活区经验的核心价值

生活区经验的核心价值是指区别于语言区、建构区、科学区、角色区、美工区、数学区等其他区域的，其本身独特的价值。生活区经验的核心价值在于幼儿通过丰富的亲身体验对生活中抽象的概念进行推理实践，从而掌握一定的生活技能、方法，形成已有经验。结合《指南》可以发现，生活区经验的核心价值包含三方面：幼儿自理能力的培养、幼儿生活习惯的培养、幼儿精细动作的发展。

1. 幼儿自理能力的培养

在生活区中，幼儿可以通过各种实践操作，如给娃娃穿脱衣服、扣纽扣、拉拉链、倒茶水、清洗瓜果、削皮剥壳、整理物品等，提高对生活中各种事物的观察力，了解事物的基本特征和规律，增强对生活的认知能力和实践能力。生活自理能力强的幼儿能独立完成任务，遇到问题或困难时，不会依赖他人，形成独立的性格。

2. 幼儿生活习惯的培养

生活习惯的培养需要时间和耐心，需要不断地练习和巩固，才能形成稳定的动作和行为习惯。在日常生活中较难做到有目的地重复进行某项练习，而生活区正好填补这一空缺。在生活区中，根据幼儿的发展需要有目的地投放操作材料，引导幼儿动手操作练习，使其形成良好的生活习惯，如正确使用餐具、工具，能根据类别摆放物品，能保持周边环境的干净整洁等。这些良好的生活习惯能帮助幼儿形成自信，更好地适应现实生活。

3. 幼儿精细动作的发展

生活区活动的操作性都比较强。操作是幼儿练习生活的基本动作，是生活区活动的基础。刺绣、编织、夹豆子、剥核桃等操作都能促进幼儿精细动作的发展，很好地锻炼了幼儿的手部肌肉群，从而提高动作的协调性和灵活性。

二、生活区经验的联动价值

生活区经验的联动价值是指不管幼儿在进行何种游戏，都会获得来自感觉、动作、认知、语言、情绪和社会性发展的有益经验，还会有好奇、兴趣、坚持、专注、适应、创造等学习品质参与其中。《指南》提出，儿童的发展是一个整体，要注重领域之间、目标之间的相互渗透和整合，促进幼儿身心全面协调发展。幼儿的发展需要身体、智力、情感、社交等方面都得到平衡、全面的发展，使幼儿获得各方面的能力和素养。在梳理生活经验的联动价值时，笔者发现其中专注、合作、社交经验的获得尤为突出。

1. 专注

专注是一项非常重要的学习品质。专注力强的幼儿会更有可能获得令人满意的结果，体验成功的快乐，这有助于幼儿自信心的建立和提高。生活区中幼儿在与材料的互动中需要较高的专注力，像游戏“分豆子”，幼儿需从一盆杂乱的豆子中挑出一种豆子夹到相应的盆子里，这就要求幼儿注意力高度集中，才能准确地找到豆子。当幼儿经常注意力集中去做某件事情时，就会形成稳定的专注力，从而提高学习能力。

2. 合作

合作是指通过与他人互动和协作，实现共同目标的行为。学习合作对幼儿的发展具有重要的意义。在生活区中很多操作需要合作，如编织芦苇帘，需要一人握住芦苇秆，一人系绳子；制作美食，需要幼儿分配工作等，这些活动都为幼儿提供了协商、合作的机会，培养幼儿的合作精神和协商能力，让幼儿在游戏中学会倾听、尊重、理解、交流等，有效促进幼儿良好个性的发展。

3. 社交

社交是建立健康人际关系的基础。在生活区活动中，幼儿参与小组活动时需要学习如何与他人沟通、协调、分享。这时，教师可以通过引导幼儿了解社会规则和行为准则的方式，帮助幼儿正确地与他人交往，形成良好的社会行为习惯，提高处理问题、解决问题的能力，提升幼儿的社交能力。

生活区经验的核心价值和联动价值既有广度又有深度，幼儿园要对生活区活动的开展给予支持，为教师创设生活区的环境、选择活动内容提供依据和方向，为幼儿顺利完成活动提供经验的“鹰架”。因此，梳理生活区经验的核心价值和联动价值这项工作尤为重要，且意义重大。本章将主要从幼儿自理能力的培养、幼儿生活习惯的培养、幼儿动作协调能力的发展这三大核心价值及健康、语言、社会、科学、艺术这五大联动价值出发，梳理各年龄段幼儿生活区活动经验价值。

第二节 各年龄段幼儿生活区活动经验价值分析

一、小班生活区核心价值与联动价值分析

（一）小班生活区的核心价值

1. 核心价值内容

（1）幼儿自理能力的培养

a. 知道穿脱衣服的顺序，能在成人的帮助下穿脱衣服或鞋袜、扣纽扣等。

b. 能做一些简单的整理，如能将玩具和图书放回原处。

c. 尝试使用一些简单的生活用具，如漏勺、漏斗等。

（2）幼儿生活习惯的培养

a. 认识身体各部位，知道保护身体，尤其是隐私部位。

b. 学会保护牙齿，知道要少吃甜食。

c. 知道一些防寒保暖的基本知识。

（3）幼儿动作协调能力的发展

a. 能熟练地使用勺子。

b. 能初步掌握拿、按、拔、转、剥、挑、捡、二指抓等动作。

c. 初步掌握拉、扣、解、掰等动作。

2. 核心价值与区域活动对照（表 2-2-1）

表 2-2-1　核心价值与区域活动对照表（小班）

核心价值		区域活动
自理能力的培养	知道穿脱衣服的顺序，能在成人的帮助下穿脱衣服或鞋袜、扣纽扣等	给娃娃穿衣服、衣服怎么脱、配对鞋袜、穿鞋子
	能做一些简单的整理	送玩具宝宝回家、整理小能手、玩具宝宝来分类
	尝试使用一些简单的生活用具	夹豆豆、手摇榨汁、家务小帮手、擦桌子、瓶装豆

续表

核心价值		区域活动
生活习惯的培养	认识身体各部位，知道保护身体，尤其是隐私部位	认识身体部位、贴五官、会洗手
	学会保护牙齿，知道要少吃甜食	会刷牙、认识蛀牙
	知道一些防寒保暖的基本知识	认识夏天和冬天的衣物、穿衣服、夹袜子、穿鞋子、涂香香
动作协调能力的发展	能熟练地使用勺子	喂娃娃、分豆子
	能初步掌握拿、按、拔、转、剥、挑、捡、二指抓等动作	剥花生、切蔬菜、剥橘子皮、夹豆子、拧瓶盖、夹夹子、包糖果、晾衣服、叠衣服、剪指甲、穿鞋带、串珠子
	初步掌握拉、扣、解、掰等动作	拉拉链、绕毛线、掰大蒜

（二）小班生活区的联动价值

1. 幼儿自理能力的培养

（1）语言领域

a. 能根据自己的冷热情况清楚地表达穿脱衣服的需求。

b. 在成人的引导下爱护图书，不乱撕乱扔。

（2）社会领域

a. 知道天气冷热。

b. 体验自己穿脱衣服的快乐。

c. 初步有整理物品、爱护物品的意识。

（3）科学领域

a. 理解物品与标记的对应关系，能将物品整理到指定的位置。

b. 在成人的帮助下能正确配对鞋袜。

2. 幼儿生活习惯的培养

（1）语言领域

a. 能说出五官及身体主要部位的名称。

b. 愿意翻阅有关安全的图书。

c. 在成人的讲述中积累不吃陌生人给的东西、不跟陌生人走的经验。

d. 能清楚地说出自己、家人的名字等简单信息。

（2）社会领域

a. 初步了解生活中的基本的安全规则和交通规则。

b. 能知道自己家所在街道、小区（村镇）的名称。

（3）科学领域

认识生活中用数字作为标识的事物，如电话号码。

3. 幼儿动作协调能力的发展

（1）语言领域

能说出常见餐具的名称。

（2）社会领域

初步了解一些简单的就餐礼仪。

（3）科学领域

认识常见的餐具。

（4）艺术领域

a. 喜欢用笔涂涂画画。

b. 喜欢并愿意尝试用剪刀沿直线剪，边线基本吻合。

（三）小班生活区核心价值与联动价值分析案例

1. 活动实录

夏天，有许多美味的水果，其中西瓜深受幼儿的喜爱。于是教师将西瓜投放到了生活区。

在生活区，教师带着幼儿将西瓜拿到盥洗室，引导他们清洗西瓜的外皮。瑶瑶说："老师，西瓜皮上有一条一条的花纹。""是啊，除了有花纹，还有什么呢？"教师一边引导幼儿洗西瓜，一边聊起天来。"西瓜上面还有一个小尾巴。"轩轩立即说道。"对！这个小尾巴是西瓜的藤蔓。老师有个谜语，你们猜猜看是什么。身穿绿衣裳，肚里水汪汪，生的籽儿多，个个黑脸膛。""是西瓜。"在教师和幼儿愉快的聊天中，西瓜清洗干净了。教师将西瓜一切为二。幼儿分成二组，瑶瑶和诺诺一组，用小勺子挖出西瓜肉放到盘子里。小宝和轩轩一组，在教师的指导下用儿童刀将西瓜肉切成小块。

榨西瓜汁

当西瓜肉准备好后，幼儿将西瓜肉放进了手摇榨汁机里，小宝转起了手柄，可是并没有西瓜汁流出来。他又使劲转动了手柄，可还是没有西瓜汁流出来。他着急地喊："老师，老师，这个不行。"教师走近轻轻地提醒："你看还有什么工具没有用？或者你可以看看其他小朋友是怎么榨汁的。"小宝看了看其他幼儿，发现榨汁需要一只手摇手柄，另一只手用手压柱压一压西瓜肉。于是，他也拿起了桌上的手压柱，认真地一边压一边摇，不一会儿，榨汁机的出口处缓缓流出了西瓜汁。看到红红的西瓜汁，小宝兴奋地喊："老师，我榨出西瓜汁了。"榨完汁后，四名幼儿将西瓜汁倒进了小杯子，分享给了小伙伴。在教师的引导下，幼儿又将西瓜皮扔进了垃圾桶。

2. 价值分析（表 2-2-2）

表 2-2-2 核心价值与联动价值分析

活动环节	核心价值	联动价值
清洗西瓜	1. 知道清洗西瓜的方法 2. 会清洗西瓜表皮	1. 认识并能表达西瓜的外形特征等 2. 知道水果享用之前要清洗干净
取西瓜肉	1. 会用勺子挖西瓜肉 2. 会用儿童刀将西瓜肉切成小块	能安静地完成取西瓜肉的任务
榨西瓜汁	1. 会手眼协调地使用手摇榨汁机 2. 能将西瓜皮扔进垃圾桶	1. 遇到困难会向成人求助 2. 会通过观察伙伴的行为找到办法 3. 愿意将西瓜汁分享给同伴

二、中班生活区核心价值与联动价值分析

（一）中班生活区的核心价值

1. 核心价值内容

（1）幼儿自理能力的培养

a. 能自己穿脱衣服、鞋袜，扣纽扣等。

b. 能整理自己的物品。

c. 能尝试使用简单的工具制作美食，学习研磨、打蛋、去核、切块等技能。

d. 学习简单的劳动技能，如抹布、扫帚等的使用。

e. 学习一些简单的生活技能，如打结、编织。

（2）幼儿生活习惯的培养

a. 懂得牙齿不能接受刺激物，知道吃过冷、过热、过硬的食物会引起牙齿酸痛。

b. 认识常见的安全标志，能遵守安全规则。

c. 知道防寒避暑的方法和要点。

d. 感知家用电器的使用安全常识，增强安全意识。

e. 能安全使用生活用具。

(3) 幼儿动作协调能力的发展

a. 会用筷子，初步学会使用刀叉等。

b. 能进行简单的蔬果加工。

c. 能沿边线较直地画出简单图形，或能沿边线基本对齐地折纸。

d. 能沿轮廓线剪出由直线构成的简单图形，边线吻合。

2. 中班核心价值与区域活动对照（表 2-2-3）

表 2-2-3 核心价值与区域活动对照表（中班）

核心价值		区域活动
自理能力的培养	能自己穿脱衣服、鞋袜，扣纽扣等	穿衣服、系鞋带、扣纽扣
	能整理自己的物品	叠衣服、裤子、小毯子，分类摆放物品
	能尝试使用简单的工具制作美食，学习研磨、打蛋、去核、切块等技能	捣花生碎、切水果块、切火腿丁、榨汁、去枣核、制作南瓜饼、串水果糖葫芦、鸡蛋糕
	学习简单的劳动技能，如抹布、扫帚等的使用	拣菜、擦桌子、扫地、清洗瓜果、摆放碟筷、垃圾分类、正确扔垃圾、浇花、松土
	学习一些简单的生活技能，如打结、编织	柿子剥皮、编花篮、制作香包、多边形织布
生活习惯的培养	懂得牙齿不能接受刺激物，知道吃过冷、过热、过硬的食物会引起牙齿酸痛	刷牙、漱口、保护牙齿
	认识常见的安全标志，能遵守安全规则	安全标志我认识
	知道防寒避暑的方法和要点	及时穿脱衣服
	感知家用电器的使用安全常识，增强安全意识	安全使用电煮锅制作暖暖茶、红糖姜茶、琥珀核桃等；安全使用电饼铛制作简单的饼类食物
	能安全使用生活用具	在食品制作类的活动中安全使用刨皮器、去核器、儿童刀具、锅等
动作协调能力的发展	会用筷子，初步学会使用刀叉等	夹豆子走迷宫、切水果蔬菜
	能进行简单的蔬果加工	拣菜、瓜果去皮、串水果糖葫芦、柚子皮去瓤等
	能沿边线较直地画出简单图形，或能沿边线基本对齐地折纸	制作食谱流程图
	能沿轮廓线剪出由直线构成的简单图形，边线吻合	制作香包

（二）中班生活区的联动价值

1. 幼儿自理能力的培养

（1）语言领域

a. 能清楚地表达物品的外形特征。

b. 爱护图书，不乱撕乱扔。

（2）社会领域

a. 乐意参加值日生工作，为能进行自我服务而感到快乐。

b. 知道要保持物品整齐，能有序摆放物品。

c. 不私自拿不属于自己的东西。

（3）科学领域

a. 能感知物品的外形结构特征。

b. 能在成人的帮助下分类整理物品。

（4）艺术领域

能在成人的帮助下绘画物品标记。

2. 幼儿生活习惯的培养

（1）健康领域

在成人的引导下感知关节与人体活动的关系，了解关节的重要性，了解保护关节的一些方法。

（2）语言领域

a. 能清楚地说出安全标志的含义。

b. 能说出简单的求助方式。

c. 愿意翻阅有关安全的图书，并愿意向他人说出图书内容。

（3）社会领域

a. 初步了解生活中的基本的安全规则和交通规则。

b. 了解安全标志与人们生活的关系。

c. 能记住自己的家庭住址、电话号码、父母姓名，知道遇到危险向成人求助。

（4）科学领域

a. 初步了解人们的生活与自然环境的密切关系。

c. 了解常见灾害性天气对人们生活造成的影响。

（5）艺术领域

喜欢欣赏音乐，感受并倾听音乐。

3. 幼儿动作协调能力的发展

(1) 语言领域

欣赏不同餐具的图片，尝试说出名称。

(2) 社会领域

了解常用的就餐礼仪。

(3) 科学领域

认识常用的餐具。

(4) 艺术领域

a. 愿意沿边线较直地画出简单图形，或能沿边线基本对齐地折纸。

b. 愿意沿轮廓线剪出由直线构成的简单图形，边线吻合。

（三）中班生活区核心价值与联动价值分析案例

1. 活动实录

中午散步的时候，“老师，你看，树上的柿子变红了。”小宇激动地把自己的发现分享给教师和小伙伴。顺着小宇的声音大家都看向了柿子树。果然，柿子树上挂满了一个个红彤彤的柿子。“要不，我们把它们摘下来拿去班里做成好吃的吧。”听了教师的提议，幼儿们欢呼着表示赞同。

回到班级，教师和幼儿们围坐在一起，讨论着可以用柿子做成什么好吃的呢？幼儿们你一言我一语，都说出了自己的想法。

妍妍说：“柿子洗洗干净就可以吃了，里面的肉软软的，甜甜的，可好吃了。”

亮亮说：“我奶奶用柿子做过煎饼，也很香的。”

彤彤说：“我们老家，奶奶会把柿子晾起来，晒干了吃。”

……

“小朋友们，你们的想法棒极了。那我们拿一些柿子直接去洗洗，一会儿分享给其他班的小朋友。还有一些柿子我们放在生活区做柿子饼吧。”幼儿们进行了分工。两组幼儿去盥洗室清洗柿子，另外两组来到生活区，讨论着怎么做柿子饼。教师和幼儿们一同搜索了制作柿子饼的视频，一边看一边用图画的形式记录了制作步骤。第一步需要将柿子去除外皮，将柿子肉放入碗中压成泥。只见小宇和睿睿戴好一次性手套，穿好装备。一手握着柿子，一手去掉蒂，然后小心翼翼地剥去外皮。不一会儿，柿子外皮去除完毕，小宇和睿睿将柿子肉放入碗中，开始用勺子压。这时，一旁的静静和彤彤已经开始准备第二步的食材，她们拿出了一个不锈钢盆，用量杯在面粉袋里挖了 2 杯面粉放进去，嘴里还催促小宇和睿睿：“柿子肉好了没？”接着，她们把柿子肉放进了面粉里，用筷子进行搅拌，在教师的帮助下和成了软软的面团。幼儿们揪下一小撮面团，放在手心里揉成小球，放在案板上一压，就成了一个个饼坯。亮亮打开了电饼铛的电源开关，用油刷在烤盘上抹了几下。过了一会，彤彤和静静将饼坯有序地摆放在烤盘上，盖上盖。大约十分钟后，香喷喷的柿子饼就出锅了。幼儿们快乐地将柿子饼切成了小块，分享给了其他区域的幼儿，每名幼儿都沉浸在柿子饼的美味中。

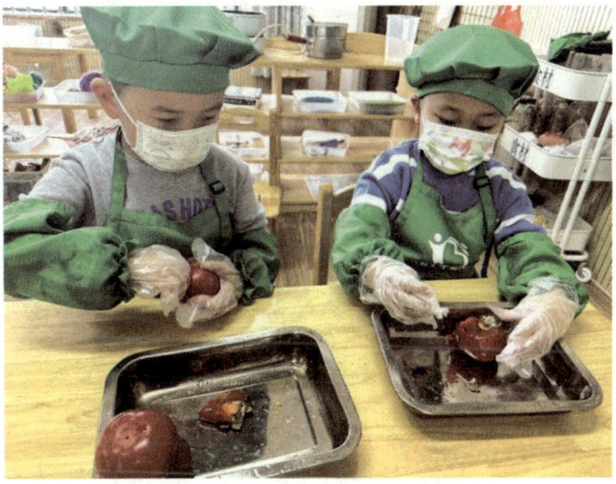

剥皮柿子

2. 价值分析（表 2-2-4）

表 2-2-4　核心价值与联动价值分析

活动环节	核心价值	联动价值
讨论柿子的吃法	巩固对柿子吃法的已有生活经验	大胆表达自己对柿子的认知
清洗柿子	知道柿子可以放在盆里搓洗	知道清洗瓜果时不浪费水
观看柿饼制作视频	会用图画符号记录柿饼的制作过程	能专心、认真地观看，不受其他因素打扰
制作柿饼	(1) 会自己穿好围裙，戴好帽子、口罩、一次性手套等 (2) 能小心翼翼地去除柿子外皮 (3) 会去蒂 (4) 会用勺子将柿子肉压成泥 (5) 会用筷子搅拌面粉 (6) 能在教师的帮助下和面 (7) 会揪下小撮面团揉成球，并压成饼状 (8) 会有序摆放饼坯 (9) 会安全使用电饼铛	(1) 知道处理食材前要穿好装备 (2) 会合作完成柿饼的制作 (3) 愿意参加食材制作，积极参与劳动 (4) 愿意将柿饼分享给其他同伴

三、大班生活区核心价值与联动价值分析

（一）大班生活区的核心价值

1. 核心价值内容

(1) 幼儿自理能力的培养

a. 熟练掌握基本的生活自理技能，能按类别有序地整理好自己的物品。

b. 能使用简单的工具进行劳动。

c 尝试对自己感兴趣的食品进行制作与品尝。

（2）幼儿生活习惯的培养

a. 学会保护自己身体的各部位，如眼睛、耳朵等。

b. 能自觉遵守基本的安全规则和交通规则。

c. 能安全使用工具进行烹饪活动。

d. 学习一些简单小家电的安全使用方法。

e. 知道一些防寒避暑的知识，有基本的身体防护技能。

（3）幼儿动作协调能力的发展

a. 能熟练使用筷子，较熟练使用刀叉。

b. 学习使用多种工具和材料进行刺绣和编织的活动。

c. 能根据需要画出图形，线条基本平滑。

d. 能沿轮廓线剪出由曲线构成的简单图形，边线吻合且平滑。

e. 通过拿、捏、穿等操作活动，使手部肌肉的灵敏性得以提高。

f. 掌握搅拌的动作，锻炼幼儿手腕的力量和灵活性。

2. 大班生活区核心价值与区域活动对照（表 2-2-5）

表 2-2-5　核心价值与区域活动对照表（大班）

核心价值		区域活动
自理能力的培养	熟练掌握基本的生活自理技能，能按类别有序地整理好自己的物品	穿戴围裙、袖套、手套；有顺序地摆放食材；有条理地整理游戏材料、清理桌面
	能使用简单的工具进行劳动	木工游戏（敲、拔、转钉子）、用核桃夹夹核桃、用石磨磨豆子、用去核器去山楂核、用树枝剪刀剪细树枝、用儿童织布机织布、用编织架编织帘子
	尝试对自己感兴趣的食品进行制作与品尝	剥柚子、剥石榴、打蛋、煎蛋、磨豆浆、包粽子
生活习惯的培养	学会保护自己身体的各部位，如眼睛、耳朵等	了解人体示意图、眼保健操的操作方法、人体结构的秘密
	能自觉遵守基本的安全规则和交通规则	认识并操作交通标志卡片，正确理解区域活动中的规则标识
	能够安全使用工具进行烹饪活动	注意电磁炉的火候、注意小家电的用电安全、使用工具时戴纱手套
	学习一些简单小家电的安全使用方法	看懂并说出小家电的使用说明
	知道一些防寒避暑的知识，有基本的身体防护技能	用叶子制作出扇子、织围巾、冬季洗手后涂抹护手霜

续表

核心价值		区域活动
动作协调能力的发展	能熟练使用筷子，较熟练使用刀叉	用筷子夹毛球、各类大小的豆子，品尝烹饪食品时熟练使用筷子、刀叉
	掌握搅拌的动作，锻炼幼儿手腕的力量和灵活性	搅拌糖水、打蛋、转螺母
	通过拿、捏、穿等操作活动，使手部肌肉的灵敏性得以提高	穿毛线、戳戳绣、儿童绣花、拧螺丝
	能沿轮廓线剪出由曲线构成的简单图形，边线吻合且平滑	儿童曲线剪纸卡、自制区域标识
	能根据需要画出图形，线条基本平滑	可擦控笔卡
	学习使用多种工具和材料进行刺绣和编织的活动	编花篮、编娃娃辫、编茶杯垫、编芦苇帘、织围巾、儿童绣花

（二）大班生活区的联动价值

1. 幼儿自理能力的培养

（1）健康领域

知道系好鞋带行动方便又安全。

（2）语言领域

a. 能清楚地用恰当的语言表达冷热。

b. 能清楚地用恰当的语言表达物品的外形特征。

c. 能看懂一些简单的说明书。

（3）社会领域

a. 理解规则的意义，能与同伴协商制定整理的规则。

b. 爱惜物品，用别人的物品也知道爱护。

c. 体验集体劳动的成就感。

d. 对祖国各地的特色美食感兴趣，感受生活的乐趣。

e. 体验粮食来之不易，产生爱惜粮食的情感。

（4）科学领域

感知并了解季节变化的周期性，知道变化的顺序。

（5）艺术领域

能根据物品特征画出标识。

2. 幼儿生活习惯的培养

（1）健康领域

感知关节与人体活动的关系，了解关节的重要性，了解保护关节的一些方法。

（2）语言领域

a. 能大方地宣传安全规则和交通规则。

b. 能清楚地讲述自己经历的事。

c. 喜欢阅读有关安全的图书。

d. 大胆、流利地讲述有关安全的故事。

（3）社会领域

a. 知道生活中的基本的安全规则和交通规则。

b. 能记住自己的家庭住址、电话号码、父母姓名和单位，遇到危险能向成人求助。

（4）科学领域

a. 了解人们的生活与自然环境的密切关系。

b. 知道常见灾害性天气对人们生活造成的影响。

（5）艺术领域

知道欣赏音乐能让人身心愉悦，喜欢欣赏音乐。

3. 幼儿动作协调能力的发展

（1）语言领域

a. 欣赏不同餐具的图片，了解不同餐具的用途。

b. 能说出常用的工具、用具及其用途。

（2）社会领域

知道就餐的礼仪，学会正确的就餐方法。

（3）科学领域

认识简单的劳动工具或用具，初步了解劳动工具或用具与生活的联系。

（4）艺术领域

a. 愿意根据需要画出图形，线条基本平滑。

b. 愿意沿轮廓线剪出由曲线构成的简单图形，边线吻合且平滑。

c. 对民间艺术产生兴趣。

（三）大班生活区核心价值与联动价值分析案例

1. 活动实录

根据开展大班主题活动“秋日芦苇”的需要，生活区中投放了长短不一的芦苇秆，创设了编织芦苇帘的活动。

合作编芦苇帘

区域活动开始时，铭铭和朵朵来到生活区，他们的活动计划是要为生活长廊编一席芦苇帘。在活动前，幼儿和教师已商定芦苇帘的宽度是60厘米左右。两名幼儿看到芦苇秆长短不一，他们小声地商量着先把芦苇秆的长短统一一下。朵朵环顾四周，说："老师，我可以拿美工区的米尺吗?"取得教师的同意后，朵朵拿到米尺，在尺子上找到"60"，她让铭铭将一根芦苇秆放在桌上，自己拿起米尺，起点对准芦苇秆的一头，然后对准数字"60"，用记号笔在芦苇秆上画上记号。用同样的方法，他们给其他芦苇秆也做了长度记号。接着，朵朵戴上纱手套用树枝剪刀在芦苇秆的记号处剪，剪了几次没有剪断，她对铭铭说："你来剪。"铭铭接过树枝剪刀，两手合力，剪断了芦苇秆。他们将剪好的芦苇秆竖在篓子里。

铭铭将篓子搬到了编织架跟前，朵朵拿起一根芦苇秆挂在编织架上的小挂钩上，并用绳子在芦苇秆上绕了一圈后打了活结。铭铭也拿起一根芦苇秆放在第一根芦苇秆的下面，对朵朵说："我拿着芦苇秆，你绑一下。"于是，朵朵用绳子在第二根芦苇秆上也绕了一圈，打了一个活结。芦苇秆固定好后，铭铭又拿起了第三根芦苇秆，他们又重复了刚才的动作。当朵朵在第二根芦苇秆上绕绳子时，第二根芦苇秆有点松了。铭铭说："你看，这根芦苇秆快掉下来了，这里太松了。"朵朵也意识到活结打得有点松了。他们拿下了第三根芦苇秆，在活结处将绳子拉了拉紧。看着芦苇秆被拉紧了，他们又接着编下一根。编到第6根的时候，前面的芦苇秆又有些松动了，铭铭问："朵朵，上面的结又有点松了，怎么办?"朵朵回答："那我们拉得再紧一些。"尽管他们努力拉紧绳子，但在编织的时候，芦苇秆还是或多或少地因松动而往下掉一些。这时教师提议："你们打2个活结试试看。"听了教师的建议，朵朵尝试连续打了2个活结，并拉紧了绳子。果然，在接下来的编织中，编在上面的芦苇秆就不怎么往下掉了。

2. 价值分析（表 2-2-6）

表 2-2-6　核心价值与联动价值分析

活动环节	核心价值	联动价值
统一芦苇秆的长度	(1) 会使用树枝剪刀剪断芦苇秆 (2) 安全使用工具，使用树枝剪刀前戴好纱手套 (3) 剪好的芦苇秆能整理到篓子里	(1) 发现芦苇秆长短不一时，会向成人寻求工具——米尺 (2) 认识米尺上的刻度，理解米尺上的数字与实际长度的关系 (3) 会合作测量 60 厘米的长度
编织芦苇帘	(1) 手部精细动作发展，会用绳子打结 (2) 能耐心地进行编织	(1) 会主动发现问题，并能寻找原因 (2) 遇到困难不气馁，积极面对问题 (3) 会合作编织，分工明确 (4) 虚心接受他人的建议 (5) 能专注编织，完成编织任务

第三章 系统规划 润物无声

——生活区空间规划与环境创设

本章简介

环境是幼儿的第三位教师，活动区域合理的空间规划与适宜的环境创设有助于幼儿的全面发展。本章将从生活区空间规划与环境创设概述、各年龄段幼儿生活区空间规划与环境创设策略、生活区空间规划与环境创设案例三方面进行阐述，向读者介绍如何进行生活区空间规划与环境创设。

思维导图

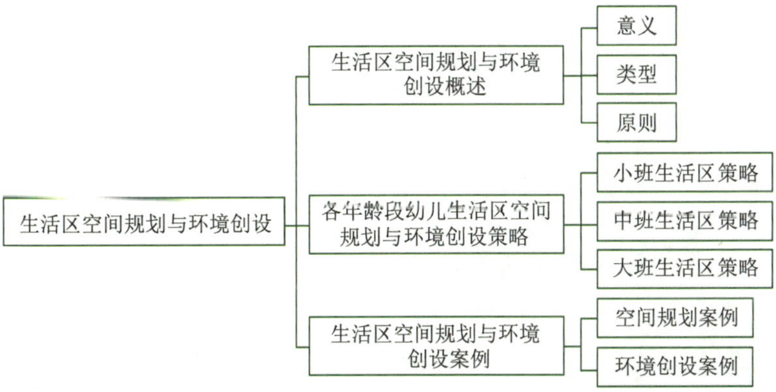

第一节 生活区空间规划与环境创设概述

一、生活区空间规划与环境创设的意义

幼儿园区域活动环境主要是教师为幼儿区域活动所提供的条件，包括区域活动空间、场地、设施、物品摆放等。《纲要》指出，幼儿园应为幼儿提供健康、丰富的生活和活动环境，满足他们多方面发展的需要，使他们在快乐的童年生活中获得有益于身心发展的经验。因此，空间规划和环境创设对生活区活动的开展、生活区目标的实现至关重要。幼儿园应当根据幼儿的年龄特征、发展需求及生活区特征，合理安排适宜的生活区环境，为幼儿创设一个有准备的环境，从而使幼儿在生活区中主动探索，获得关键经验，实现生活区的各项目标。由于各区域特点分明，教师基于幼儿的发展需求，开放合适的区域空间，设置标识并控制人数，能够有利于保障幼儿更充分、更有效地参与活动、操作材料。

小班生活区全景

中班生活区全景

大班生活区全景

二、生活区空间规划与环境创设的类型

研究表明，幼儿是以形象思维为主，即根据事物的表象进行思维、想象、操作活动的。这就要求教师在创设环境的过程中遵循幼儿的发展特点，打造直观、清晰、一目了然的学习环境。生活区的工具、材料应摆放固定，区域标识要清晰明了，一一对应，这样幼儿可以根据图文提示，知道东西从哪里拿，拿了归还到哪里去。因此，生活区空间一般可规划为规则标识呈现区、展示区、材料区、计划区和操作区等。

（一）规则标识呈现区

通过标识的呈现预设每次进区的人数，通过图文提示幼儿懂得要遵守游戏的规则、爱惜玩具、游戏后整理场地、收拾玩具等。生活区的规则标识和墙面布置应参考幼儿的意见，在内容上强调饮食文化、安全提示等。

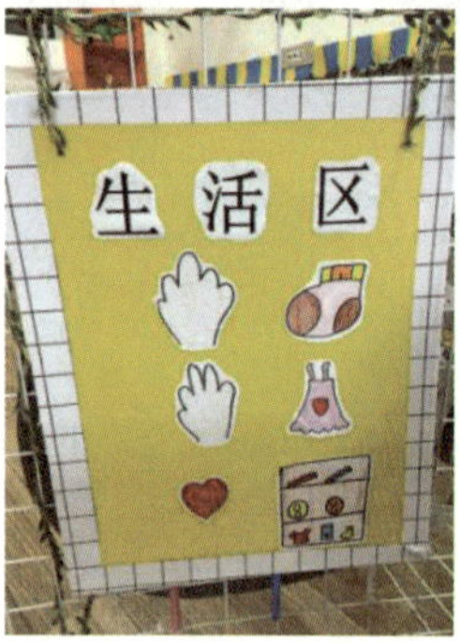

小班生活区规则标识

中班生活区规则标识

大班生活区规则标识

（二）展示区

生活区中的柜子、墙面和可悬挂处都可以作为幼儿生活过程记录、作品等的展示区。展示区设置符合幼儿身高、视角的柜子、墙面。教师在陈列幼儿作品时可将作品架稍作装饰，如选择颜色、质地适合的衬底。展示区的建立为幼儿提供了和同伴或教师分享自己作品的机会，幼儿将自己的作品进行直观的展示，有利于同伴之间的经验交流，有效锻炼其语言表达能力、逻辑思维能力等。

编织展示

食谱展示

（三）材料区

生活区最主要的材料是生活中的各种工具与食材。为了满足幼儿在生活区制作美食的需要，教师须提供一个较大的公共储物区，以存放专门的调味料和工具。教师选择了可移动的三层小推车，根据制作的主题内容投放相应的材料，并且利用最上层的柜子将幼儿的大型工具清楚陈列，如将固体材料、液体材料分类摆放，将常见工具、专用工具分类摆放。

编织类材料

烹饪类材料

可移动食品架

（四）计划区

起初，生活区并没有张贴计划的地方，幼儿做计划时，都是口头表达。在一次活动中，幼儿在做完计划后说："老师，你帮我画下来吧，我就不会忘记了！"这个建议激发了教师的灵感。此后，幼儿在生活区开始操作前，都会先认真地勾画出自己作品的简易图，并展示在就近的墙面，幼儿在生活区的活动就有有目的、有计划了。例如，大班幼儿在进行糖画活动之前，先在纸上列出自己的计划，包括需要准备的材料、工具种类及其数量。

绘制糖画活动计划

（五）操作区

操作区须创设一个温馨、舒适的空间，幼儿在这里能自主地参与各种生活活动，学习各种生活技能，自由使用各类工具。小班操作区的创设可以选择较为开阔的空间，铺上地毯，摆放柜子、小沙发、小桌子等小家具，创设一个温馨、舒适的家的场景。中、大班操作区可根据幼儿活动的需要扩大空间，展示各类工具示意图及操作流程图，提供充足的材料柜用来分类摆放操作工具和材料，供幼儿自由选择、自主操作。

操作区

操作区设施的提供在遵循安全、环保、实用的原则上，要确保数量充足、大小合适。例如，在大班食品料理区有碗盆、筷勺、打蛋器等物品，基于对食材、工具及加工安全的考虑，可以选用改装的操作台。活动柜的选择也要便于各类食材、工具的收纳，适合各类器皿的放置。各类设施也是区域布局的基础，主要包括各类桌椅、活动柜、展示架等，应做到功能匹配、类型多样、组合灵活。

三、生活区空间规划与环境创设的原则

生活区锻炼幼儿的生活能力与自理能力，通过真实材料的操作锻炼幼儿手、脚、眼、耳的协调能力。生活区的布置要具有温馨感和可操作性，还须靠近水源，离建构区、表演区等动态区较近，方便幼儿操作与活动。生活区除了要提供真实的、常见的材料供幼儿操作，还要提供围裙、手套等辅助用品。在创设生活区时，教师根据幼儿的年龄特点、能力、兴趣等，先对班级进行区域平面规划，总结出以下三大原则。

（一）真实情境性原则

幼儿的学习是以直接经验为基础，在游戏和日常生活中进行的。要珍视游戏和生活的独特价值，创设丰富的教育环境，合理安排一日生活，最大限度地支持和满足幼儿通过直接感知、实际操作和亲身体验获取经验的需要，严禁“拔苗助长”式的超前教育和强化训练。相比于班级中的其他区域，生活区的材料更加真实，且经常有烹饪、编织、刺绣、木工等活动，丰富且真实的活动材料既能满足幼儿发展的需要，又能增强幼儿的生活体验。在家里，爸爸、妈妈、爷爷、奶奶是厨房的主人，而在幼儿园班级里，幼儿是活动的主人，幼儿可以做南瓜饼、冰糖葫芦、糖画、豆浆……生活区是小厨房，同时它又是编织馆，幼儿可以刺绣、做香包；它还是木工坊，师幼一起用木头制作相框，把幼儿园里的美好时刻保留下来。

制作糖画

介绍糖画

（二）安全操作性原则

幼儿的年龄小，缺乏自我保护的意识和能力，因此教师在创设区域活动时要将安全问题置于首要位置，在生活区，安全操作性原则尤为突出。在生活区，幼儿会进行一些食品的制作，如暖暖茶、南瓜饼、蜂蜜柚子茶等，这就会使用到电器，电在给生活带来便利的同时，也存在诸多安全隐患。教师须着重强调用电安全和安全使用各类工具的重要性，并在幼儿操作过程中全程关注，观察幼儿的活动情况，避免出现幼儿受伤的情况。

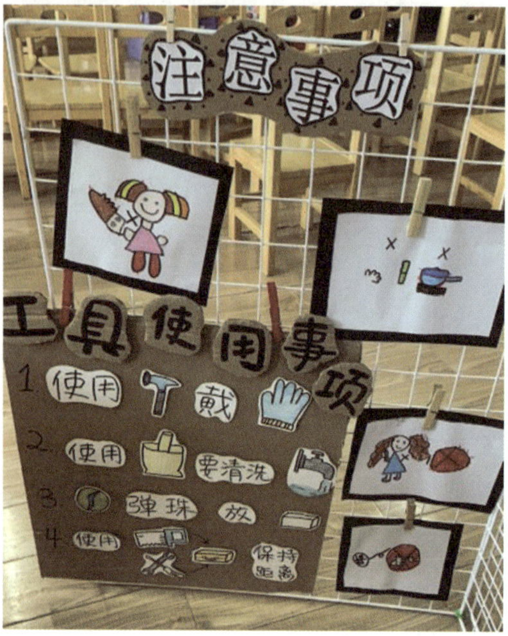

注意事项

活动安全提示

另外，食品安全也是重中之重。在生活区，教师对食品设置了单独的储物架，引导幼儿记录调味品的质期，对开封的食材做好密封保存，定期检查食品的安全，对过期或变质的食品及时丢弃，做好食品架的卫生消毒工作，提供桌布、口罩、手套、围裙等辅助用品，确保食品安全工作到位，将幼儿的生命安全置于首位。

食品材料柜

标注日期的调料罐

（三）灵活互通性原则

区域的设置尽管是独立的，但不等于割裂。区域之间一定会根据活动需要产生不同程度的互动。生活区与角色区相邻设置，当生活区需要加工材料、邀请客人时，可以与角色区共用一些工具和材料。改变生活区后，通道更加顺畅，有便捷的路线，

可伸缩调节生活区空间的隔断

避免绕路和出现视线上的“死角”。生活区的各类设施具有功能匹配、类型多样、组合灵活等特点。活动柜的选择也要便于各类食材、工具的收纳，适合各类器皿的放置，让生活区的材料、环境为幼儿的活动服务。

生活区不仅发挥着独有的功能，而且可以根据幼儿的兴趣及实际需要，进行缩小或扩大，也可以改变空间中的某些元素，为活动开展提供充足的条件。例如，在小班生活区摆上屏风，铺上桌布，就变成了“娃娃家”的场景。

第二节 各年龄段幼儿生活区空间规划与环境创设策略

一、小班生活区空间规划与环境创设策略

（一）环境布置突出“家”的感觉

小班幼儿处于集体生活初体验阶段，对周围环境和人不熟悉，容易产生分离焦虑。“家”对每个幼儿来说都是向往的地方，在“家”中渗透幼儿生活的方方面面，结合小班幼儿的年龄特点，教师将生活区与角色区的“娃娃家”相融合，花窗帘、小床、小餐桌、娃娃、衣架……一个温馨舒适的生活区就完成了。幼儿扮演妈妈，照顾宝宝，给宝宝刷牙、喂饭、穿脱衣服。相对于中、大班幼儿的任务意识，小班幼儿活泼好动，专注力相对较差，因而小班幼儿更适宜在游戏情境中锻炼生活自理能力和基本动作，这也是由其年龄特征和能力水平所决定的。

（二）投放简单的工具和材料、符合主题和季节需要

随着主题更换、季节更替，生活区的材料不断更新。小班幼儿受到手部动作发展的限制，动手能力较弱，动作发展不完善，可以尝试一些简单的食品加工活动，教师可以投放塑料砧板、儿童刀、研磨器、榨汁机等工具供幼儿使用。秋天是丰收的季节，瓜果成熟，教师可以给幼儿准备很多秋季的瓜果、蔬菜、坚果，如橘子、石榴、柚子、花生、栗子等。

在生活区，教师可以给幼儿制作什么样的美味呢？可以把橘子剥成一瓣一瓣，香蕉切成一块一块，加上酸奶就变成一碗水果酸奶，简单健康又美味。到了冬天，种植地的萝卜成熟了，萝卜也可以拿到生活区中进行加工，幼儿洗萝卜，搓萝卜丝，面粉加水揉一揉，放入萝卜丝，就可以加工成美味的萝卜丝饼。食品加工对于小班幼儿而言是一种全新的体验，既富有趣味，又能够发展其生活技能和动手能力。

二、中班生活区空间规划与环境创设策略

（一）空间设置相对独立、靠近水源，便于灵活调整

自然光、水源是班级环境中非常重要的自然条件，区域设置要考虑这些自然条件，因地制宜进行合理规划。生活区比较适合靠近水源的位置，方便幼儿料理食材、清洗工具等，可以避免幼儿因“长途跋涉”取水、用水给活动带来的不便，同时生活区也应满足中、大班幼儿进行木工创作时的电源需求。

中班的生活区相较于小班，变成了一个较为独立的区域，教师利用屏风作为区域隔断，既能保持活动的相对安静，又能让幼儿灵活移动，方便根据活动的需要扩大或缩小空间，并且在生活区制作的美食也可以送到别的区域请其他幼儿进行品尝，使区域间实现相互的连通。

（二）材料投放突出层次性、生活化

中班幼儿开始对简单工具的使用产生兴趣，也对工具的使用有了初步的了解，喜欢再现日常生活场景。因此，生活区不仅要让活动材料来源于生活，还要对各处的空间设置提出一定的关于生活场景的要求。教师将生活区分成材料区、操作区、整理区等若干个小区域，主要目的是让幼儿在生活中学习，在生活中探索，在生活中发现，在生活中成长。进入中班后，幼儿生活自理能力逐渐增强，教师可以适当减少感官材料的投放，增加其他能培养幼儿生活自理能力的材料的投放，如清洗工具、料理食材等，使材料适应班级幼儿整体的发展水平。

在生活区原有材料的基础上，改变其中几个材料的特性，也可以实现难度的递增。例如，在中班生活区夹纸球活动中，教师发现幼儿已能较好地控制手部肌肉，能顺利地用筷子夹纸球时，可以进一步投放弹珠、花生、黄豆等材料，不同材料的特性，影响着筷子夹物的难度，给幼儿带来了新的挑战。

三、大班生活区空间规划与环境创设策略

（一）环境创设以幼儿为主体，提高幼儿的主动意识

大班幼儿的自我意识不断增强，在活动中占据主体地位，因此教师可将活动内容的选择，墙面、柜面标识的设计、食谱的制定的任务交给幼儿。教师提供辅助工具，如电子秤、量杯等，在食品制作活动中，引导大班幼儿分工合作，及时记录食材的选用和用量等，并让幼儿在完成制作后用自己的方式来对食物进行反馈。例如，在大班生活区手磨豆浆的活动中，幼儿积极寻找制作豆浆时水与豆子的最佳比例，记录活动中所遇的问题和解决的方法，并与其他幼儿分享经验。在活动中，幼儿不

仅获得了生活经验，而且发展了动手能力，同时数学思维能力也得到了培养。

（二）材料投放强调丰富性、多元化

进入大班，生活区的材料不断丰富，石磨、糖画器、电磁炉、蒸煮锅、木工箱、戳戳绣……这些工具对于大班幼儿来说无疑是有一定挑战的，但在一次次的探索和实践中，幼儿的动手能力会得到飞跃式发展，安全意识也会得到不断提高。对于幼儿来说，多样的材料使得他们的活动更为多样化，但也造成了一定的难题，很多幼儿在面对琳琅满目的材料时无从选择。因此，教师可根据材料的功能，将生活区的材料进行分类整理，如设置食品柜、烹饪工具柜、木工和编织柜等，并贴上幼儿自制的标签，方便取放。教师还可与幼儿商定，将每周三、四作为烹饪日，幼儿能够自主选择制作的食物，从而顺应幼儿的兴趣，满足幼儿的需求。

第三节　生活区空间规划与环境创设案例

一、生活区空间规划案例

（一）切水果

观察实录：

区域游戏开始了，生活区内，辰辰一手拿着塑料切刀，一手拿着仿真水果，嘴里嘟囔着："切、切、切，我来切水果。"

妍妍看到之后，对辰辰说："我也要来切水果。"妍妍站在材料柜前扫视了好一会儿之后，找到辰辰帮忙："辰辰，我找不到水果刀了，你的是在哪里找到的？"

辰辰带着妍妍走到另一边的材料柜，对妍妍说："看！在这里。"

"原来在这里，怪不得我刚刚没有找到。"妍妍一边说一边拿起找到的刀，开心地和辰辰一起玩起了切水果的游戏。

过了一会儿，旭旭搬着一筐编织的游戏材料坐妍妍的旁边开始游戏。随着桌面上的游戏材料越来越多，"咚咚咚"材料掉落的声音开始响起，幼儿们边捡材料边游戏。

伴随着轻缓的音乐，幼儿们开始收拾整理。分享反思环节，教师请幼儿根据自己在游戏中遇到的问题进行分享与交流。妍妍提出了"材料找不到"和"材料一直掉"这两个问题。

生活区整体布局

生活区材料柜

分析：

（1）从“材料找不到”的现象中可以看出，区域内包含两个材料柜，部分幼儿对游戏材料的位置摆放并不是很清楚，对每个材料柜对应游戏材料的属性也不清楚，所以无法根据游戏材料的属性准确找到材料的位置。

（2）针对“材料一直掉”的问题，虽然生活区提供了两个可操作的桌面，但是幼儿不能对两个操作桌面进行合理的划分与利用，可能出现一个桌面无人操作，另一个桌面材料摆放拥挤的情况，影响幼儿的游戏操作。

指导策略：

（1）材料区的材料种类丰富多样，须根据属性进行分类摆放。通过“材料找不到”的问题引发幼儿的讨论，引导幼儿进行材料属性的划分，这样便于幼儿根据材料属性确定材料对应摆放的柜子，更快地找到需要的材料。

（2）操作区须创设一个温馨、舒适的空间，满足幼儿的操作需求。生活区除了提供地面外，还提供两张桌子，以保证幼儿有充足的操作空间。通过“材料一直掉”的问题引发幼儿思考讨论，引导幼儿对两个操作桌面进行合理的划分，以确保幼儿有充足的操作空间。

（3）幼儿以形象思维为主，在对两个材料柜及操作桌面进行划分时，教师除了可以和幼儿一起进行讨论，还可以通过在操作的桌面上及材料柜上放上不同属性材料对应的图片或者手绘标识，帮助幼儿进行理解。

（二）制作暖暖茶

观察实录：

前段时间，为了让幼儿能够成功制作冬日暖暖茶，教师在生活区中投放了锅具、儿童刀具、各种食材等材料，每次活动结束后这些材料与之前的活动材料都混放在一起，十分杂乱。

小麦站在生活区柜子前，上下扫视了一遍，眉头紧皱着。过了一会，她把柜子第一层中的红枣、秤、盘子都挪到地上，伸手拿取里面的编花篮游戏的材料，转身就放在桌面上开始游戏，而地上丢满了其余材料，乱七八糟。于是，在游戏评价环节，大家展开了讨论。教师问："小麦，为什么生活区地上全是东西呢？""我想去编花篮，可是东西放在最里面了，我拿不到，我就把其他东西拿出来了。"小麦撇撇嘴，轻轻地说。琪琪应和道："对呀对呀，生活区的东西太乱了，我也找不到。"

幼儿们七嘴八舌地表达自己对生活区材料的苦恼。"那有什么办法能让我们的生活区布置得更加有序，让我们知道东西从哪里拿，拿了归还到哪里去呢？"教师抛出了问题，接着和幼儿一起重新认识现有材料的名字和功能，鼓励幼儿在白纸上设计自己心目中整洁有序的生活区。晴晴率先介绍自己的设计思路，她按照各种物品的大小来分类摆放，左边都放小的东西，如小盘子、小杯子、小花篮、扭扭棒等，右边都放大的东西，如锅具、大篮子等。睿睿紧接着介绍自己的想法，他按照功能摆放，左边放适合编织的材料，如花篮、鞋带、穿线等，右边放适合烹饪的材料与工具，如蒜、豆、锅、插座等。西西按照自己的喜好，把最喜欢的红色、粉色等游戏材料放在了最上层，其余的放在中下层，便于自己拿取。幼儿一一展示完自己的绘画设计作品后，大家通过小苹果投票的方式，选择了睿睿的设计方案。

接着，展开一场生活区空间的布置活动。按照材料功能，幼儿将生活区划分为编织区、工具区、食材区、操作区四个小区域。在编织区，彤彤把数量多的材料放在篮子里，如串珠子、扭扭棒等，几个篮子统一放置在最下面一层；其余形状较扁的材料放置在中上层，更加直观清晰，方便拿取。其他幼儿大都肯定了彤彤这个特别的想法。在工具区，几位小女生选择把锅具放在中下层，避免摔坏砸伤，把儿童刀具、捣碎器、夹子、盘子等放置在最上层，清晰明了。在食材区，恒恒指出："我们有还没用的食材和已经做好的食材。那就把已经做好的食材放在下面保存吧！"说干就干，恒恒抱起用玻璃罐储存的糖蒜轻轻地放在第二层，其他幼儿也跟着把做剥好的蒜、瓜子仁、红枣按序摆放。教师顺势提问："那备用的食材放哪儿呢？好像没有柜子放了。"晶晶挠挠头，突然看到教室门口的小推车，说："我们把放水杯的推车推进来吧！好几层呢！可以放好多东

摆放锅具

摆放花篮

摆放盘子

西!”话音刚落，几个小男生就冲过去把推车推了进来，将各种食材一一摆放上去。而操作区，自然就规划在生活区中央的桌子区域进行操作了。

完成空间规划的生活区整洁有序，幼儿们更爱在生活区进行游戏了。

分析：

（1）从“生活区材料摆放混乱”的问题切入，引导幼儿在探索中思考，发现事物之间的关系，材料之间明显的关联性，如：系鞋带材料与花篮都属于手工编织类，红枣、蒜都属于烹饪食材类，食材可以分为未使用食材和已使用食材，引导幼儿进行简单的推理分析和分类。

（2）教师把决定权交给幼儿，以小苹果投票的方式，由幼儿选择自己感兴趣的材料排列方式，体现幼儿的主人翁意识，也有利于幼儿接下来对自己想法的具体实施，有利于幼儿正确摆放材料。

（3）教师是幼儿活动的推动者。教师对幼儿提出“那备用材料放哪儿呢”的问题，供幼儿思考，让幼儿在快乐的活动中不断拓展自身思维。

指导策略：

（1）中班幼儿以形象思维为主，即根据事物的表象进行思维、想象、操作。因此，在引导幼儿规划生活区空间时，要有意识地引导幼儿观察生活区事物，要带领幼儿重新完整认识一遍生活区的现有材料，通过认识事物的表征，提升认知，才能让幼儿在绘画中更加清晰地表达自己的想法。

（2）在创设环境的过程中要遵循幼儿的发展特点。因此，在绘画设计过程中，要尊重每个幼儿的想法，理解幼儿的设计思路，鼓励每个幼儿在集体面前介绍自己的作品，发展其语言表达能力。

（3）支持和鼓励幼儿在探究的过程中积极动手、动脑。幼儿在摆放各个空间的材料时，教师要适当放手，鼓励幼儿自主进行摆放，支持幼儿和同伴合作探究与分享交流。因此，在四个空间区域布置材料时，要请幼儿当小主人，尝试自己创造出摆放规律。

（三）多功能游戏区

观察实录：

生活区陆陆续续投放了许多活动材料，教师根据材料功能对材料柜中的物品进行分类摆放，分为：木工类、烹饪类、编织类，并且为每类材料框贴上对应的标签。

木工类、烹饪类

编织类

幼儿们也收集了一些木工用具，在活动后，发现材料框里的物品取放不太方便，柜子里也没有地方放多余的工具、材料，木工类的作品和烹饪类收集的食材碰到了一起，幼儿们认为其中一个材料柜应该单独作为一个操作区。于是教师又找来了一个柜子，将烹饪类、木工类的材料分开来。考虑到烹饪类活动中，幼儿们需要用到水、电等，教师便将烹饪区域安排在靠近水电的地方，并配有一个操作台，将放置调料、蔬果、五谷杂粮的移动推车投放到烹饪区。接着，将编织类、木工类的材料柜摆放在另一个操作台附近。

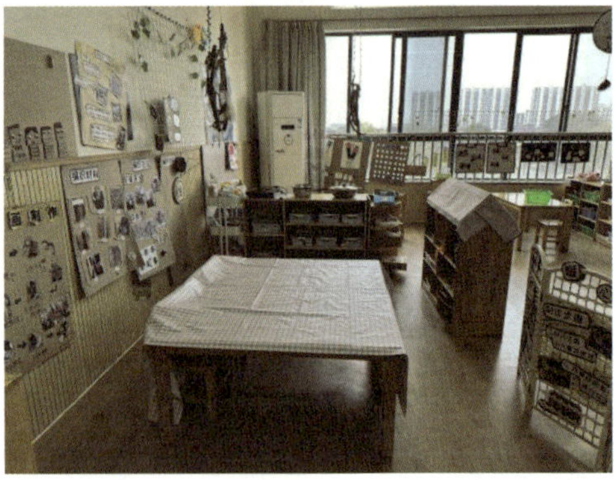

整体环境

随着各种活动的开展，材料柜的材料越来越多，幼儿们在收拾的时候有的材料混淆了，编织的毛线放到了生活区的材料框中了，有的材料框堆积了起来。佳妮说："你们看，这儿的材料框摆放错啦，我们用完的材料没地方放了。"诗雯说："那我们一起来整理吧，看看哪些材料放错了。”梓诺也加入到整理材料柜的队伍中。佳妮重新将烹饪类材料柜中的材料框进行整理，将使用过的食谱夹在墙面上；诗雯、梓诺分别检查编织类、木工类的材料，并将涉及的编织材料与墙面的步骤图相对应，在木工类材料柜边上也摆上了使用工具的安全注意事项，作为生活区空间规划的一部分。

发现问题

交流问题

处理问题

分析：

（1）合理的空间规划，如方法提示、操作指引标识牌等作为环境隔断的呈现，可以有效地激发幼儿活动的兴趣、支持幼儿的学习，还可以成为游戏的一部分。大班幼儿自主性增强，所接触的生活范围也大大扩展，他们通过讨论与协商，已经可以自制规则，成为环境创设的主人。

（2）大班注重幼儿能力的提升，设置多种区域，如烹饪区、编织区、木工区，能够为幼儿提供更多的学习机会，促进幼儿多方面的发展。教师应根据大班幼儿的发展水平和活动需要，合理安排适宜的活动区域，从而促进幼儿在良好的区域环境中学习、探索、实践与发展。

指导策略：

（1）《纲要》中指出，要为幼儿的探索活动创造宽松的环境，让每个幼儿都有机会参与尝试。在生活区活动中，根据功能的不同，可以将区域环境划分为展示性环境、操作性环境、支持性环境、提示性环境。

（2）教师应根据班级环境和教育内容的不同，为幼儿准备一个开放的、动态的、能提供多种探索机会的环境，例如，墙面展板的规划、区域隔断的摆放、各个操作功能区材料的摆放，将幼儿新学的技能以照片形式直观形象地呈现，将幼儿们在活动中遇到的问题及解决的方法用绘画的方式在墙饰上进行展示。

（3）各功能操作区目标不同。在活动中，有的区域需要为幼儿提供一个相对安静的场所，而有的区域因幼儿之间需要相互交流合作，活动时会产生嘈杂的声音。为了避免少数喧闹的区域干扰安静区域的活动，在空间划分时就应做到动静分离。例如，根据需要，生活区的两个操作台都用于烹饪的制作；或者一张桌子用于编织活动，另一张桌子用于木工活动。

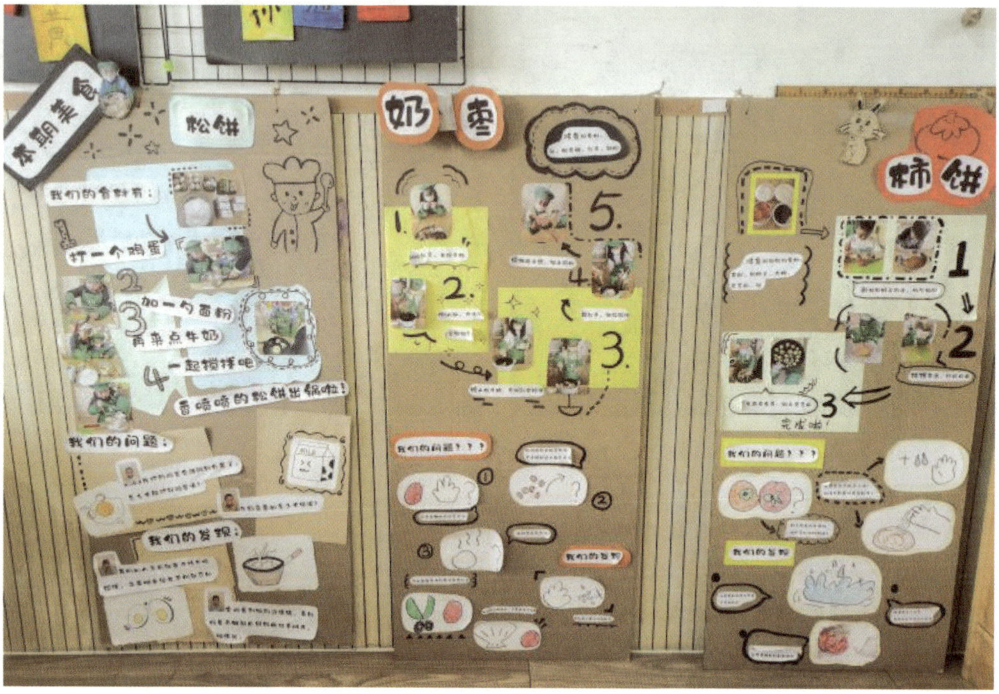

区域展板

二、生活区环境创设案例

（一）鞋穿反了

观察实录：

区域游戏结束，宏宏和晨晨将材料摆放到原来的位置上，给娃娃盖上被子之后，坐在地垫上穿鞋子，起身准备离开区域。宏宏突然喊住晨晨：“晨晨，你的鞋子穿反了。”晨晨回到地垫上坐下，将自己的鞋脱下，进行调整并穿上，宏宏发现还是穿反了，他带着晨晨到穿鞋子的展板旁边，对晨晨说："你看这个，这个魔术贴应该是贴在外边的，贴在里面就是穿反了。"晨晨对照着展板，将鞋子调整好并穿上说："我现在把魔术贴贴在外边了。"

（二）制作水果沙拉

观察实录：

在生活区，言言和沐沐商量着一起进行制作水果沙拉的游戏。言言和沐沐将需要的材料摆放到桌面上后，言言、沐沐拿出塑料刀开始切仿真的水果，切完的水果放在盘子里面，水果都切完了，沐沐说："我吃过水果沙拉，在切好的水果上还要淋上酸奶。"言言拿出一个瓶子，假装淋上酸奶。完成之后，沐沐说："我今天回家要和我妈妈一起做水果沙拉，很好吃的。"言言说："那我也要让我妈妈和我一起做水果沙拉。"

（三）这个游戏怎么玩

观察实录：

君君进入到生活区的"娃娃家"时，开始在地垫外走来走去，教师提醒他可以脱下鞋子到地垫上面开始游戏了，君君还是保持在地垫外走来走去的状态。教师走到君君面前问："君君，你怎么了？有什么问题吗？"君君说："我不知道要怎么玩。"旁边的小雪听到后，说："我知道，你可以给娃娃煮饭、喂饭给他吃，还可以照顾他。"君君听完小雪说的话，脱下了鞋子进入区域开始游戏。

幼儿游戏方法展示

分析：

（1）案例（一）中，从晨晨穿反鞋子到再次调整之后依旧穿反的现象可以看出，晨晨还没有能够正确地辨认鞋子的正反，掌握穿鞋的正确方法。本案例中，通过观看生活区中的展板，晨晨初步掌握了辨认鞋子正反的方法。

（2）案例（二）中，制作水果沙拉这个游戏比较符合小班幼儿的年龄特点，且幼儿也十分感兴趣，沐沐对于制作水果沙拉的操作流程是比较熟悉的，且两名幼儿都想要进行真实水果沙拉的制作。

（3）案例（三）中，幼儿对于一些游戏材料的操作方式并不了解，在游戏的过程中会出现各种各样的问题，如“这个怎么玩”“我要怎么玩”“我不会，我不知道”等，这些问题都是因为小班幼儿在未入园前没有玩过这些游戏材料。

指导策略：

（1）环境具有一定隐性教育价值，教师通过不断更新一些主题性特征的环境，让幼儿在游戏的过程中不断提升技能，小班上学期教幼儿如何辨认鞋子的左右，小班下学期教幼儿如何辨认衣服、裤子的正反。

（2）食品加工对于小班的幼儿来说不仅有趣，而且能够发展他们的生活技能和动手能力。根据幼儿对制作水果沙拉的兴趣，生活区的材料可以进行适当的更新，教师可以投入一些水果、酸奶及其他的工具，供幼儿尝试一些简单的食品加工活动。

（3）生活区中的墙面和可悬挂处都可以作为幼儿活动过程、作品等的展示区。展示区为幼儿提供了相互交往学习的机会。教师可以将幼儿游戏的照片进行展示，引导幼儿相互学习，进一步丰富游戏的内容与形式。

（四）制作步骤图

观察实录：

在之前的活动中，教师和幼儿们共同收集、投放了各种各样的游戏材料，在编织区有鞋带、串珠等，在烹饪区有锅具、红枣等。生活区的材料虽然丰富多彩，但是幼儿们选择生活区的积极性较低。

一次区域游戏时，小婧在生活区选择了穿鞋带游戏。她拿起鞋带横着穿过两个孔，接着拿起一头往正上方的孔穿了过去，就这样以“弓”形的方式来回程穿鞋带，她拿起自己的成果，瞪大眼睛对我说：“老师，我完成啦！”我说：“不对哦，之前我们学过，穿鞋带要往斜上方的孔穿。”“我有点记不住。”小婧撇了撇嘴，委屈地说着。一旁的潇潇看了看，拿起刚放入生活区不久的锅具，走到教师面前说：“老师，你可以再教我们做一次冬日暖暖茶吗？”教师说：“当然可以！”

有什么办法能让幼儿自己慢慢学会玩这些游戏呢？休息时间时，教师再次抛出了这个问题。小远举起手，边比画边说：“我看见我妈妈一直照着一本书做饭的，我妈说那叫食谱，我们也可以照着食谱做暖暖茶！”恺恺挠着头问：“食谱？食谱怎么做呀？”我通过投影仪给幼儿们看了他们游戏时的照片，说：“可以把你们的这些照片打印下来，按照顺序贴在食谱上呀！”幼儿们听了纷纷拍手叫好，西西还特地强调了：“重点部分可以用笔圈出来！”当然，也有绘画能力强的幼儿表示自己可以把游戏的过程画出来，教师给予了肯定和鼓励。

说做就做！幼儿们在生活区中根据自己的兴趣选择了相应的游戏材料。前三天，教师重点观察、帮助玩编织类的幼儿，用手机抓拍幼儿操作的各个瞬间，如：穿鞋带的步骤顺序、编花篮的不同造型。后两天，教师重点观察指导了幼儿烹饪冬日暖暖茶的活动，拍下准备的工具、倒入的食材及具体的量。在美工区，幼儿们也画出一张张充满童趣的操作步骤图。随后，班级开展了一次数学活动，请幼儿们将拍好的照片按顺序排好，并标明1、2、3、4……最后展示在生活区的墙面上。

看着自己亲手完成的展示板，幼儿们参与生活区活动的积极性提高了不少，常常自己当自己的小教师，边看边学，兴致高昂。

编织步骤图

烹饪步骤图

分析：

（1）中班幼儿的无意记忆占主导，有意记忆逐渐发展。虽然教师多次在生活区指导幼儿各种游戏方法，但是对于中班幼儿而言，自主游戏仍存在困难，并且他们的思维仍处于直观形象思维。

（2）幼儿的活动建立在经验的基础上。幼儿制作步骤图，需要有丰富的活动经验，因此教师需要引导幼儿不断尝试，如：制作冬日暖暖茶、系鞋带等，使他们丰富自身的认知，形成完整的思维，有利于接下来制作步骤图活动的开展。

（3）幼儿是活动的主体。在制作步骤图时，教师应尊重幼儿的想法，倾听幼儿心声，尊重幼儿自发的表现与创造，并给予适当的指导。

指导策略：

（1）中班幼儿仍处于直观形象思维阶段，对事物的认知需要借助介质，因此在环境创设时需要放入照片、图片等各种直观的事物。

（2）生活即教育，鼓励幼儿从生活实际思考、从问题出发。幼儿往往从生活中寻找解决办法，如观察到妈妈做饭时用到的食谱、自己日常参加的绘画班，使幼儿不断获得经验，并运用在学习中。

（3）尊重幼儿自发的表现和创造，并给予适当的指导。在创设环境时，鼓励幼儿用自己感受的方法画出大致操作步骤，如：往量杯里加入水、系鞋带的方向，引导其展开想象，教师不应提供范画，要尊重幼儿的自主创造。

（4）环境创设应与集体教学相结合。制作步骤图时，涉及逻辑顺序。教师可以开展一次数学活动，锻炼幼儿的逻辑思维，尝试自己有序编排并说出具体步骤流程，发展其思维能力。

（五）师幼共创游戏区

观察实录：

案例一：思涵选择了系鞋带的材料，她拿起之前伙伴系好的鞋带观察了一会，然后拿了鞋子准备开始系，先是穿孔，思涵很快就把一只鞋子穿线穿好了，然后开始打结，前后不到一分钟就把蝴蝶结系出来了，只是小了点。思涵边说边做：“老师，你看，我完成了。”教师笑着示意道：“你的鞋带穿错位了，中间的线条变成团了，调整一下看看，一步一步穿线，不要急。”思涵听完后，将打结处拆掉，并且重新穿线，又拿起伙伴系好的鞋带看了看，最后穿好鞋带，捏出两个兔耳朵，打了一个大大的蝴蝶结。

案例二：琋琋拿着编辫子小人，数了数两边的头发“1、2、3、…，有6股头发。”琋琋先将娃娃的一边头发分成三股进行交叉编织，接着用皮筋将娃娃的头发扎紧。另一边头发用同样的方法也进行编织，不一会儿两股辫的发型就完成了。然后，琋琋又拿了一个娃娃，尝试辫三股辫，她看了看三股辫的编织方法，将娃娃两边的头发都分成3部分，每部分2根，然后用轮流交叉的方法进行三股辫发型的编织，最后进行收尾、打结。

系鞋带

编辫子

分析：

教师应为幼儿创设适宜的游戏环境，给幼儿提供主动学习的机会，放手让幼儿自己去锻炼。《纲要》中指出，环境是重要的教育资源，应通过环境的创设和利用，有效地促进幼儿发展。通过创设，可以将操作方法的步骤用图片进行展示，这种照片式的图谱呈现，让幼儿看着图片上的步骤图进行学习，更一目了然、更浅显易懂。生活区系鞋带、编辫子的游戏属于生活技能的锻炼，它们有一些难度，大班的幼儿需要去掌握一定的技巧，这样的游戏能培养幼儿细心和耐心的品质，从而提高幼儿的动手能力。

操作步骤图

指导策略：

（1）在生活区为幼儿提供练习系鞋带、编辫子的机会，在材料篮、区域墙面上提供操作流程图，引导幼儿穿孔并进行打蝴蝶结的练习。

（2）区域活动和环境创设突出了实用性、可操作性、参与性。大班幼儿生活自理能力和劳动能力明显提高，独立性也有了较好的发展，他们能选择自己喜欢且适合自己的游戏。在相互交往中，幼儿的合作意识逐渐增强，同时规则意识逐渐形成，他们开始学习控制自己的行为，遵守集体的共同规则，如：对于游戏成果的展示有自己的想法、游戏结束后知道把玩具整理好放回原处等。区域环境的创设，不仅美化了教室环境，而且充分体现了《纲要》的精神，也让幼儿充分体验到参与带给他们的快乐。

第四章　循规蹈矩　因势利导

——生活区规则与标识创设

本章简介

规则和标识可以起到良好的引导作用，使幼儿更加深刻地认知生活区的特点，以规范幼儿的行为，从而提高活动实施的效率。本章将从生活区标识与规则概述、各年龄段幼儿生活区规则与标识创设策略、生活区规则与标识创设案例三个方面进行阐述，图文并茂地向读者介绍如何创设生活区规则与标识。

思维导图

- 生活区规则与标识创设
  - 生活区规则与标识创设概述
    - 意义
    - 类型
    - 原则
  - 各年龄段幼儿生活区规则与标识创设策略
    - 小班生活区策略
    - 中班生活区策略
    - 大班生活区策略
  - 生活区规则与标识创设案例
    - 规则创设案例
    - 标识创设案例

第一节　生活区规则与标识创设概述

一、生活区规则与标识的意义

《纲要》中指出，环境是重要的教育资源，应通过环境的创设和利用，有效地促进幼儿的发展。幼儿园环境的布置对幼儿起着重要的作用。教师应该使幼儿在游戏中与环境相互结合、互动、对话，促进幼儿多方面发展的需要。因此，教师应利用环境中的规则和标识，使环境真正成为幼儿的第三位教师，充分发挥其教育价值。

（一）生活区规则的意义

区域规则是活动中行为与活动的准则，其作为一种教育手段，可以起到规范引导幼儿行为方向、提升活动质量、提高能力和身心发展水平的作用。师幼共同商议制定生活区规则，既给幼儿充分的自由，又让幼儿的操作更规范，让幼儿更安全、有序地开展美食制作、编织、木工等各种活动，丰富幼儿的生活体验，发展幼儿的动作技能。

（二）生活区标识的意义

区域标识通过形象性的语言向幼儿传递信息，对幼儿的游戏行为进行引导。标识主要有图画型标识和文字型标识。生活区标识的设置有利于物品有序摆放，帮助幼儿区分生活区中的各个功能柜，如食品柜、木工柜、编织柜、烹饪柜等，能够吸引幼儿主动学习，促进幼儿纪律性和责任感的发展，能够指导幼儿的游戏活动，并帮助幼儿建立良好的生活习惯。

二、生活区规则与标识的类型

（一）生活区规则的类型

清楚明晰的区域规则让幼儿的活动更加井然有序，规则内容可以涵盖进区人数、收放材料、游戏纪律、安全提示、合作分享、解决问题等方面。生活区规则的类型包括基础规则和特定规则，基础规则是指生活区通用的活动规则，如进区人数、游戏纪律、安全提示、收放材料等活动的规则，而特定规则是指一些生活区独有的活动规则，如手磨豆浆、暖暖茶、蜂蜜柚子茶、糖画等活动的规则，有其固定的活动流程和注意事项。在生活区，规则是动态变化的，随着幼儿经验的积累和活动的开展，规则也随之不断调整，体现幼儿的问题和收获。

基础规则

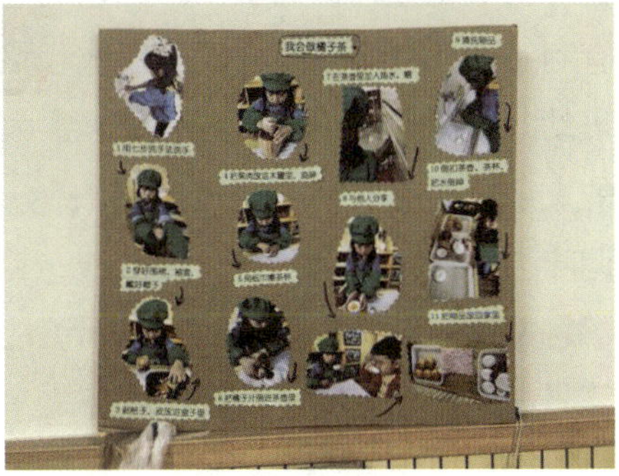

特定规则

（二）生活区标识的类型

标识作为区域材料的要素之一，不仅是幼儿习得规则的重要途径，更是教师通过有目的的设计，有效渗透幼儿认知发展特点、领域发展目标和区域特点的微观途径，有意义的标识最终能实现教师收纳材料整理和幼儿关键经验发展的双重功能。生活区标识的类型主要包括图画型标识和文字型标识。

1. 图画型标识

图画型标识是幼儿园生活区标识的基本类型，具有直观化和形象化的特征，尤其在小班和中班生活区应用较多。幼儿的逻辑思维在幼儿园阶段尚未成型，通过生动的图画进行引导，能让其快速了解和掌握标识的意义。除了单纯的图画外，教师还可以在为生活区的常规材料（如系鞋带、编花篮、串珠等活动材料）制作标识时，加入具有生活区特点的学习内容，如常见动物和花纹或者爱吃的食物的配对、完整的水果和切开的水果的配对、影子配对等，在收放材料的过程中促进幼儿思维能力的发展和生活经验的积累。

图画型标识

2. 文字型标识

文字型标识也是生活区标识的一种主要形式，通过简单的文字对图画予以解释，有利于幼儿良好思维方式的形成，该类型的标识通常应用于大班的生活区当中。大班幼儿即将升入小学，《指南》中大班语言领域的目标提及“对图书和生活情境中的文字符号感兴趣，知道文字表示一定的意义”。在生活区，会有很多的工具类和调味类材料，如锅、铲、碗、盐、糖、油等，用图画配以文字的形式，可以让幼儿了解文字的意义，简单的文字标识能为幼儿阅读与书写做好准备，激发幼儿对文字符号的兴趣也是幼小衔接的任务之一。

文字型标识

三、生活区规则与标识创设的原则

（一）主体性原则

规则遵循的主体、规则体验的主体是幼儿，区域活动中规则的实行必须依赖于每一名幼儿的维护与遵守。因此，生活区规则应由幼儿与教师共同讨论商议决定。教师可以引导幼儿通过讨论后制定规则，以便让幼儿更好地理解和认同，体现幼儿的主体性。小班的规则主要以绘画形式体现，中、大班的规则则以绘画配以简单的文字体现，且规则的制定尽量要以正面的形式体现。规则的呈现应充分利用墙面、隔断的网格、屏风等，利用各种图片、绘画的标识展示幼儿的活动和发现的问题，吸引幼儿积极主动地学习、活动，在真实的情境中不断发现问题、解决问题，使得经验有所提升。

小班生活区隔断

中班生活区隔断

大班生活区隔断

（二）灵活性原则

标识和规则的设置要醒目，在幼儿的视线范围内，不宜过高也不宜过低，要站在幼儿的关注视角。除了一般区域规则外，还有一些特定材料的游戏规则，如：安全操作类材料需要注意的规则，包括石磨操作、木工制作、电器使用等。另外还有一些独特的游戏规则形式，如：夹豆豆比赛，为了练习幼儿使用筷子夹物的技能，比赛更加需要激发幼儿的积极性，配以一些小奖励，让幼儿体验成功的快乐。

规则的制定是一个动态调整的过程，这就要求教师及时调整规则，并且规则的变化要有依据，教师在真实教育情境下发现教育问题及幼儿的真实需要，及时调整活动的形式。将规则变化的主动权交给幼儿，体现幼儿的自主性，使规则本身顺应活动的变化，体现灵活机动性。

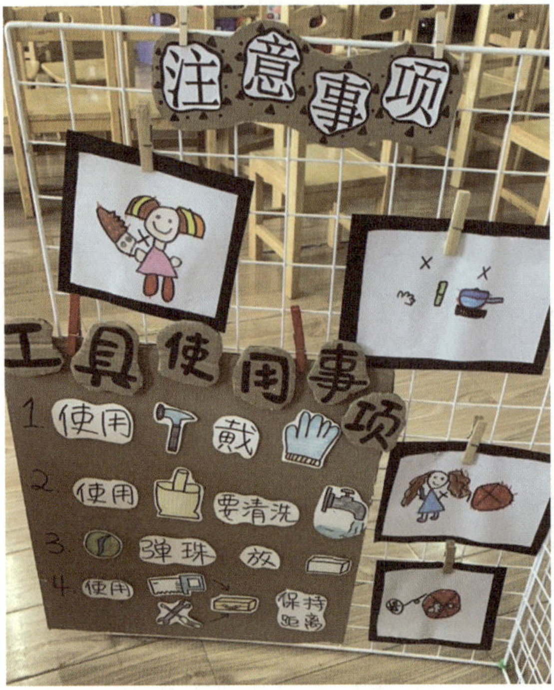

工具使用规则

特定活动规则

（三）适宜性原则

《指南》中明确指出，理解幼儿的学习方式和特点。幼儿的学习是以直接经验为基础，在游戏和日常生活中进行的。在设置标识与规则时，应考虑幼儿的年龄特征。例如，小班应以实景图片和简单的图案为主来设计标识；中班可以适当丰富标识的种类，并渗透生活区相关的学习内容；大班则可以让幼儿参与到标识的绘画中，教师再配以相应的文字。生活区规则从需要注意的事项和活动中的问题产生，教师与幼儿共同制定规则，将规则以图文形式展现，能让幼儿更好地理解规则。

小班生活区材料柜

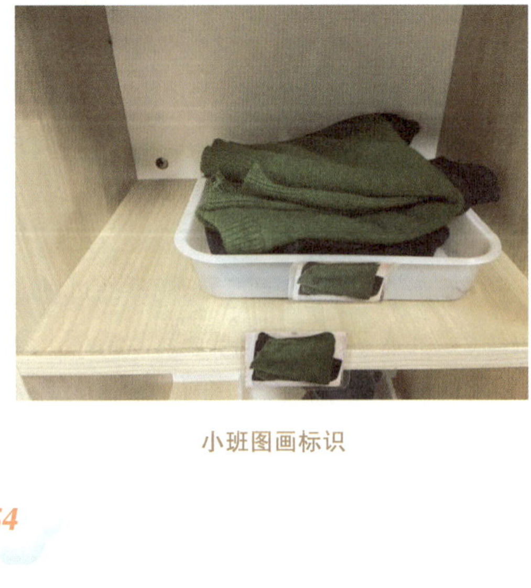

小班图画标识

中班生活区材料柜

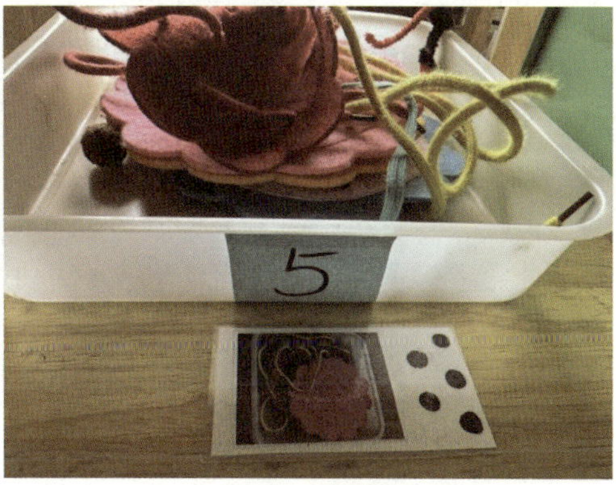

中班图画标识

大班生活区材料柜

大班图画标识

第二节 各年龄段幼儿生活区规则与标识创设策略

一、小班生活区规则与标识创设策略

（一）标识选取日常元素，便于取放材料

小班幼儿的思维正处于直觉行动思维向具体形象思维过渡的时期。所谓直觉行动思维，是指儿童的思维活动离不开儿童自身对物体的感知，也离不开儿童自身的动作。幼儿依靠动作进行思维，这就需要教师在小班生活区投放大量的操作材料。同时，小班生活区标识的图案可选取贴近幼儿生活的日常元素图案或者实景图片，更容易为幼儿所接受，便于幼儿辨认，从而使幼儿正确取放材料。

（二）师幼讨论制定规则，初步树立规则意识

小班生活区规则的制定以一般规则为主，可包括进区人数、取放材料、安全提示等内容。在制定规则时，教师组织幼儿进行讨论，共同商定区域适宜的人数，以及需要注意的事项，如不争抢活动材料等，用简洁明了的图案对规则进行一一罗列，让幼儿熟悉、了解生活区特点及进区活动须遵守的规则，帮助幼儿初步树立规则意识。

二、中班生活区规则与标识创设策略

（一）结合生活区特性，丰富标识的种类

随着中班幼儿生活经验和知识经验的不断丰富，认知水平得到进一步发展，他们会将这些经验拓展与迁移到各类活动当中。因此，教师可以相应丰富生活区内的标识种类，如常见的动物与其花纹的配对、两件相关物品的配对（锅和铲、碗和筷等），让幼儿在取放材料的过程中感受匹配的概念，了解物品间的逻辑关系。种类多样的标识能够提高幼儿的观察能力和图片分辨能力，并在潜移默化中丰富幼儿多方面的经验。

（二）以问题和发展需要为导向，不断调整规则

规则的制定是动态调整的过程，它不是固定的。教师在观察的过程中和点评环节会与幼儿共同探讨活动中存在的问题，如中班幼儿的合作意识开始出现，但是合作能力有所欠缺，就会出现争抢材料和任务分配不均的现象。教师和幼儿通过讨论商议解决问题的方法，以问题为导向，将“友好合作”作为生活区规则之一，并由幼儿绘制规则图，展示在区域规则板上，以此来提醒其他幼儿遵守活动规则，学会合作分享。幼儿对于这种“讨论—得出结论—检验—改进”模式制定出来的规则，会更加自觉遵守。当幼儿出现其他问题时，以同样的方式寻求解决方法并制定规则，不断根据问题调整规则，以满足幼儿的发展需要。

三、大班生活区规则与标识创设策略

（一）加入文字型标识，激发幼儿对文字的兴趣

大班幼儿的抽象逻辑思维已开始萌芽。所谓抽象逻辑思维，指的是以抽象的概念、判断、推理等形式进行的思维。幼儿对事物细微差别的分辨有了极大的探索欲望，对文字也有了一定的兴趣，生活区材料标识可以采用简单文字和图形相结合的形式，帮助幼儿了解常见字形，这既符合幼儿的认知发展，也满足幼儿的兴趣与需要，能够为幼儿升入小学做准备。

（二）规则与标识的创设体现幼儿的主体参与

到了大班，幼儿的认知水平和表征能力有了较大的发展，规则和标识创设的权

利交到幼儿的手中。大班生活区的活动十分丰富，制作糖画、手磨豆浆、奶茶、蜂蜜柚子茶等，幼儿在熟悉制作流程后，绘制食谱，并讨论制定规则、绘制标识。当出现问题时，幼儿将发现的问题和解决的方法以图文形式展示在生活区中，在一次次真实体验中，幼儿的动手能力、表达能力、解决问题的能力得到发展。在大班生活区，不难发现，从标识到规则处处都是幼儿活动的痕迹，体现幼儿的主体地位。

第三节　生活区规则与标识创设案例

一、生活区规则创设案例

（一）制作水果沙拉

观察实录：

区域游戏开始了，旭哲端了一盆橘子到生活区桌上后开始剥橘子，书颖拿了香蕉开始剥皮，两人均没有戴手套。这时老师及时提醒道：“不戴手套直接接触水果可能会有细菌哦。”于是两人这才去找一次性手套并戴上继续制作水果沙拉。书颖剥好一个香蕉，将香蕉皮放在了蓝色盘子里，把香蕉放在了砧板上用玩具刀切成小段后放进了粉色盘子里，之后又拿了一个橘子，用刀切橘子皮，又将里面的果肉用刀挖出来，砧板上流满了橘子汁。

旭哲用刀将草莓切成一片一片放在了盆里，接着用吸管把酸奶杯戳了一个洞，将酸奶挤在了草莓上，拿了一把勺子吃了起来。书颖看了看旭哲后没有用旭哲的办法，她还是用刀挖果肉，接着拿来了一个碗，将切好的香蕉和橘子果肉放在了碗里，随后打开了一瓶酸奶挤了进去，然后吃了起来。

制作水果沙拉

分析：

（1）两名幼儿在生活区选择了制作水果沙拉的材料，并和材料进行了充分的互动，游戏的目的性也较强，游戏行为“剥、切、挤、搅拌”等都围绕着主题水果沙拉进行，他们的游戏行为符合《指南》中社会领域部分小班幼儿应该达成的目标，能根据自己的兴趣选择游戏或其他活动。在游戏的过程中两人的专注力也很稳定。

（2）由于水果沙拉材料投放前教师没有和幼儿一起交流和讨论使用规则、注意事项，游戏规则没有可视化，不符合小班幼儿直觉行动思维的特点，导致游戏过程中出现了问题，最明显的就是卫生问题，桌上没有垫桌布、幼儿没有戴手套、穿围裙和袖套，对于砧板和盆子的用途也没有进行区分，水果被随意放在了不同的容器里，桌面也比较脏乱。从中可以看出幼儿对游戏规则没有充分的理解导致了水果沙拉游戏进行得不够理想。

指导策略：

（1）幼儿对制作水果沙拉的兴趣浓厚，游戏专注程度也较高，在此基础上只需要将材料和游戏规则用适合小班幼儿的简洁明了的图示方式表现出来，摆放在生活区显眼的位置，帮助小班幼儿了解不同材料的用途及在游戏中使用材料时需要注意的问题，以便幼儿今后更好地与材料进行互动。

（2）小班幼儿的年龄特点决定了他们爱模仿的行为特征，因此在生活区进行游戏规则的环境创设时需要考虑幼儿这一特点，可将水果沙拉制作前、制作中、制作后及制作方法通过图示的方式布置在生活区。幼儿根据视线可及的范围内生动形象的图示和游戏步骤进行游戏，有的幼儿可能会忘记戴手套，但是一看到规则图示便会意识到不对，马上戴上手套，久而久之，规则图示便会和幼儿的行为建立联系，幼儿可以通过规则图示得到帮助，使得游戏更加有序。

（二）规则的调整

案例实录：

开学初，幼儿们通过讨论、商量，在生活区制定了相关的游戏规则，如：游戏活动结束后根据小标记将材料一一归还到材料柜中。不久幼儿们发现材料盒里的材料没有很好地进行整理，物品摆放混乱，使用和取放时极为不方便，对此，幼儿们十分苦恼。

团子来到了生活区，只见她在柜子中小心翼翼地寻找想要的材料，她翻找后也没找到，一个不慎，部分游戏材料便从盒子中掉落出来，团子和同伴抱怨：“又有幼儿不整理材料，我都找不到了。”同伴也附和道：“我上次玩游戏也发现了，都弄得乱七八糟了。”团子随即向教师告状，其他幼儿听到了表示也遇到过同样的情况。

教师问："那我们怎么让幼儿知道要把材料盒整理好呢？"团子思索一番说："我知道！可以做标记，像外面的标记提醒别人一样。"幼儿们经过讨论后决定绘制新的图标，提醒进区的幼儿要负责整理好材料。团子绘画出一个盒子，并在其中排列游戏材料，画着画着物体便倾斜了。乐乐提醒道："歪了！我们可以画一条线，姐姐写字本上有线就不会乱了。"说着乐乐在画上添加了线条。图标画好了，怎么表示这条规则呢？乐乐表示要告诉幼儿物品摆放整齐再送到柜子里。乐乐请求教师帮忙写一下"摆放"和"放回"的字，并将图标贴在旁边提示。新规则出炉了，乐乐和团子向幼儿们介绍着，希望大家都能遵守新规则，而新规则也得到了班级幼儿的肯定。

幼儿发现材料柜杂乱无章

幼儿绘制的规则

分析：

幼儿在游戏的过程中发现了问题，即原有的规则不够全面，偏向于游戏后材料盒要归还并整齐有序摆放在柜子中，而未能强调幼儿要将材料盒中的材料整理排序，从而导致班级中频繁出现材料未整理好的情况。团子能够及时发现问题，并与同伴出谋划策。《指南》指出，4—5 岁幼儿能主动发起活动或在活动中出主意、想办法。乐乐发现团子绘画的图案歪斜了，提出了自己的建议和想法，并得到了大家的肯定。4—5 岁幼儿活动时愿意接受同伴的意见和建议。幼儿们已经有规则意识，想要修改规则，让规则来约束大家的行为。新规则制定的过程中幼儿也在思考如何解决现有的问题，用自己的行动去参与、去解决，提高了思考问题和解决问题的能力，新规则得到大家认可的同时幼儿也树立了自尊、自信。

指导策略：

教师学会放手，让幼儿尝试自己发现问题、解决问题。当幼儿提出了问题，教师不急着提供解决的方案，而是启发性地引导幼儿去思考：问题是什么？如何解决现有的困难？我可以做什么？充分调动幼儿解决问题的积极性，促使他们深入思考，基于自己的生活经验出谋划策。

（三）编小辫

观察实录：

瑶瑶和媛媛在生活区进行编小辫的游戏。瑶瑶拿起彩绳比了比自己的手围，剪了三条相同长度的绳子，很快地打了个死结后，开始了三股编织，她将绳子放在桌子上，两只手慢慢地配合着，一上一下地编织着，很快一条好看的手环就编好了。她再次拿起手环比了比自己的手围，长度刚刚好，就请教师帮她系上了。而媛媛并没有按照自己的手围剪下绳子，而是凭自己感觉剪下来两条同等长度的绳子，她请瑶瑶帮忙打了个结后，开始两个两个以打结的方式依次编织，编织速度很慢，还没编完就拿着绳子玩，不继续往下编织了。教师鼓励媛媛道："继续尝试编一编，这是一条很漂亮的手环。"媛媛最后总算编完了，可是她将手环绕着手腕围了一圈发现长度不够，便皱了皱眉头说："哎，绳子太短了，戴不上，看来绳子要长一点才可以。"于是她又请瑶瑶帮忙打了个结后，开始重新编织。

编小辫

分析：

区域活动中有时会出现这样的情况：教师新投入的材料，幼儿仅仅摆弄几下就失去了兴趣，不愿意再去碰了，教师便要随时投放新的材料。教师为区域活动提供的材料大都是经过精心准备的，希望幼儿能多玩、充分地玩，但的确有的时候，按照常规玩法，幼儿玩了几次之后，便失去了对这一材料的兴趣。频繁更换材料也并非明智之举。针对这一问题，大班幼儿喜欢挑战，教师可以增加难度以重新引起幼儿的注意，激发其兴趣；也可以由材料的玩法引导到对材料特征的认识探究上，这样不仅可使幼儿掌握材料的一般玩法，而且能让幼儿深入认识与玩法相关的一些材料的特性，使幼儿对该材料有更多的体验和认识，从而充分地发掘、利用现有材料的教育价值。

指导策略：

在生活区，教师要求幼儿认真完成一项任务之后，再去进行另一项自己感兴趣的任务。瑶瑶一直投入在编织手环的游戏之中，看得出来她对编织活动是很感兴趣的；媛媛在编织过程中遇到了编织手环长度不够的问题后，稍有退缩，对编织的兴趣也稍有减退，不过在教师的鼓励、引导下，还是继续完成了编织。规则中大班幼儿遇到问题可以求助教师，也可以求助身边的同伴。教师要引导幼儿掌握打结与编织的技巧，了解不同的编织方法，能够在原有基础上进行编织挑战。针对幼儿遇到困难就想放弃的情况，教师要采取对幼儿的点滴进步进行表扬的方法引导幼儿逐步完成作品。

二、生活区标识创设案例

（一）整理游戏

观察实录：

皓皓和佳佳来到了生活区进行游戏。佳佳选择了包糖纸游戏，材料筐上贴的是西瓜标识；皓皓选择了叠衣服游戏，材料筐上贴的是苹果标识，二人拿了相应的材料后开始游戏。佳佳用小手慢慢地抽出一张糖纸，又拿了一些棉花，将棉花放在糖纸中间，接着将糖纸的上下两端向中间卷起来，又用小手旋转糖纸的两端，一个夹心糖果就完成了。皓皓拿出一件衣服开始扣纽扣，他一只手捏住衣服将衣服的洞打开，另一只手捏住扣子穿过洞，一个扣子就扣好了，就这样，皓皓成功扣好一件衣服的扣子。皓皓笑着说："老师你看，纽扣全都扣起来了。"接着他把扣好的衣服放在桌子上，拿了一条裤子开始叠。随着游戏结束的音乐响起，二人开始整理游戏材料，佳佳说："游戏结束了，快点，要把材料收起来了。"皓皓听到后站了起来拿起桌子上的衣服和裤子开始整理，将裤子扔进了贴有西瓜标识的筐里。佳佳一把端起游戏筐来到游戏柜，将贴有西瓜标识的游戏筐放在了对应的位置。

整理游戏材料

分析：

（1）小班幼儿在进行区域游戏时总是这里扔一个那里扔一个，把材料弄得到处都是，每当游戏结束后收材料都要花费大量时间。因此，教师可根据小班幼儿独特的年龄和思维特点，在每一个材料筐上都贴上色彩鲜艳、形象有趣的水果标识，如西瓜、樱桃、苹果等，一种标识对应一种游戏材料，希望能帮助幼儿在与标识的“互动”中更好地整理游戏材料。

（2）在游戏观察中，教师发现色彩鲜艳的标识虽然可以引起幼儿的注意，但由于标识与游戏材料之间缺少关联性，幼儿无法记住那么多种类的材料摆放顺序，所以皓皓将叠衣服的材料放进了原本放包糖纸的游戏筐里，还是没能将游戏材料和标识很好地匹配起来，由此可见目前的区域标识没有起到真正的作用，还需要对生活区标识重新调整，避免陷入“为了标识而做标识”的误区。

指导策略：

（1）小班幼儿的思维简单，以直观行动性思维为主，水果标识虽然形象生动、色彩鲜明，但会将幼儿的注意分散，幼儿无法将游戏材料与水果联系起来，反而会越整理越乱，下一次再进行游戏时也很难快速找到想要的游戏材料。因此，可以采用实物标识的方式，将游戏材料以照片的形式贴在游戏筐上，一种材料对应一张实物照片，幼儿便能够很快选取和整理材料，将材料自主、有序地放回原位。

生活区材料标识

（2）生活区和“娃娃家”有着千丝万缕的联系，小班幼儿在进行“娃娃家”游戏时也渗透着生活区的多项内容，因此可以将生活区与“娃娃家”材料相结合，幼儿通过角色区游戏和生活区游戏的融合来达到多方面的发展，在生活区进行的穿衣、食品制作活动可以在“娃娃家”进行。注意在标识设计上还需要将生活区和

“娃娃家”区分开来。可以选用鲜艳的贴纸将生活区的柜子划分为两个区域，红色线左边是“娃娃家”的游戏材料，红色线右边的一竖排和柜子是生活区的游戏材料，材料筐和柜子上都贴有材料的实物图片，幼儿一目了然，也便于拿取、整理。

（二）按标记整理材料

观察实录：

区域游戏开始了，天天根据自己的喜好来到生活区进行游戏，他想要玩穿线游戏，因此他来到生活区编织类的区域，拿取材料进行游戏；旁边的旭仔想要剥一些花生，于是他来到食品区找到装花生瓶子的标记，对应找到装花生的瓶子，拿出来进行游戏。游戏结束，整理的音乐响起，幼儿开始收拾玩具。天天看到自己手中的游戏材料盒上面写了数字“2”对应两根手指，于是在游戏材料柜子上找到了两根手指的图片，再根据旁边的材料照片检查确认是自己手中的游戏材料，然后将其放回游戏柜子中。旭仔看到自己拿出的装花生的瓶子上面贴的标记，上面是四个点，他点数之后得出数字“4”，于是在游戏柜子上寻找对应的数字，找到后再将瓶子与柜子上的图片进行对比，发现相同，于是放了回去。根据相应的标识，将游戏材料放回原位。

点数对应寻找材料位置

图片标记材料位置

分析：

（1）《指南》指出，中班幼儿应该具备基本的生活自理能力，能够整理自己的物品，幼儿应该养成游戏后自觉整理的好习惯，做一些力所能及的事情，将游戏材料分类摆放整齐。

（2）《指南》指出，幼儿应该能够感知和理解数、量及数量关系，对于刚刚进入中班的幼儿来说，幼儿能够通过一一对应的方法比较两组物体的多少；幼儿也能够手口一致地点数5个以内的物体，并能说出总数，能按数取物。在游戏的标识中，通过点与数的对应，引导幼儿理解数的概念，让幼儿初步认识标识的一一对应关系，从标识对应中逐渐养成自觉整理的好习惯。

（3）在合理划分区域的基础上，根据游戏材料的性质设置不同类型的标识，可以营造良好的物质环境，在潜移默化中对幼儿产生引导。例如，编织类游戏需要用到幼儿的小手，用手部的手指来表示数量，再根据手指数量与数字进行匹配。相关的标识可以使幼儿对相关活动内容和教学内容有更加深刻的认知，具有良好的导向作用。在不同标识的引导下，幼儿能够在区域中更加有序地活动，在教师引导下更好地提升幼儿的形象思维。

指导策略：

（1）通过区域标识来培养幼儿的规则意识，可以增强幼儿教育的实效性，引导幼儿更加自主地遵守区域游戏的规则，规范自身的行为方式。当幼儿在活动中取得优异表现时，教师应该对其予以鼓励和表扬，实现对规则意识的强化，增强幼儿的自信心和成就感。

（2）幼儿年龄不同，对于区域标识的认知程度就会存在差异，教师在一日生活中设置区域标识时，也应该遵循因材施教的理念。例如，中班幼儿的规则意识相对较强，在设置区域标识时可以采用丰富的几何图形作为基本组成元素，培养幼儿的空间思维能力。此外，可以借助交通工具和简单数字等对不同区域进行划分，激发幼儿的探究欲望。考虑到幼儿的年龄因素，可以使区域标识的作用得到最大限度的发挥，为一日生活的有序组织实施提供保障。

（3）教师在教育工作中不能仅仅依靠个人的力量，还应该加强与幼儿家长的交流沟通，从而构建高效的家园共育模式，使一日生活更加符合幼儿的成长需求。家长会对幼儿的行为习惯和思维方式产生直接影响，教师通过与家长的交流能够更加全面地获取幼儿的情况，在设计和制作区域标识时更具针对性。教师可以鼓励幼儿和家长共同设计区域标识，增强幼儿在一日活动当中的参与度，激发幼儿的主人翁意识，同时增进家长和幼儿的交流。

（三）穿针引线

观察实录：

最近幼儿们对刺绣非常感兴趣，在很安静地刺绣。过了一会，听到肖旭对旁边的幼儿轻轻说："这个线怎么穿不好？""这根针怎么一直穿不了线？"嘴里嘀咕，小手也没有停下，一会儿把毛线的一头揉一揉，可是越揉毛线，毛线越像刺猬一样，怎么也穿不进去。"怎么办？""哦，我知道了，放到嘴巴里舔一舔，奶奶就是这样穿针线的。"于是他马上动手试了一下，真的成功了。这时候，萌萌加入了生活区的刺绣活动中，也遇到了同样的问题“穿不了线”，随即就想放弃。于是教师便顺势进行了引导，“来，让我试试吧。”教师拿起剪刀，剪了一张小小的纸片，然后把毛线夹起来，鼓励萌萌尝试把夹着毛线的纸片穿进针孔，果然，萌萌成功了，她开心极了，又高兴地继续进行刺绣活动。

游戏后，教师与幼儿进行了一次谈话活动，讨论如何解决穿不进线的问题，幼儿想出了很多办法。最后经过讨论，幼儿们一致认为有三种比较好的方法：一是可以把毛线放在嘴里舔一舔；二是用剪刀把毛线剪齐；三是用纸片夹住毛线穿针。于是，教师投放了“纸片穿针引线”的标识，引导幼儿看图穿针。

穿针引线

分析：

（1）投放在生活区的针是儿童针，塑料材质，针眼很大。教师的直觉就是觉得幼儿能用成人常用的方法将线穿过针眼。但在实际活动中，能成功穿针线的幼儿并不多。在这一点上，教师忽视了幼儿的实际穿针线的水平，对材料投放和环境创设的思考过于简单。

（2）区域活动标识的应用，不仅为幼儿创设了一个有规则的活动环境，还潜移默化地促进幼儿规则意识的形成，也能让幼儿在遇到问题时可以根据标识或者示意图进行操作，提高解决问题的能力。

指导策略：

（1）标识是无声的教师，与班级环境创设相配合，“润物细无声”地使幼儿迅速理解和熟练掌握区域中的游戏规则。教师应用幼儿能理解的内容设计标识，有意识地根据幼儿的个体发展差异和实际需求，调整不同阶段的标识内容。同时，通过多种形式让幼儿亲自参与到设计中，使其初步了解每个标识蕴含的区域活动规则，在与标识的互动中，体会规则的重要性，逐步养成自觉遵守规则的习惯。

（2）在本案例中，教师通过与幼儿讨论穿针线的方法，总结了幼儿能操作的方法。教师和幼儿共同设计和制作“纸片穿针引线”的标识，及时投放，帮助幼儿解决不会穿针线的问题。

第五章 丰富适宜 动态调整

——生活区材料投放

本章简介

材料是幼儿活动的基础，材料投放与幼儿的年龄、经验、能力密切相关，适宜的材料能激发幼儿的兴趣，使幼儿在与材料的“互动”中不断积累经验。本章从生活区材料投放概述、各年龄段幼儿生活区材料投放要求与策略、生活区材料投放案例三方面进行阐述，向读者介绍相对适宜的生活区材料投放方法。

思维导图

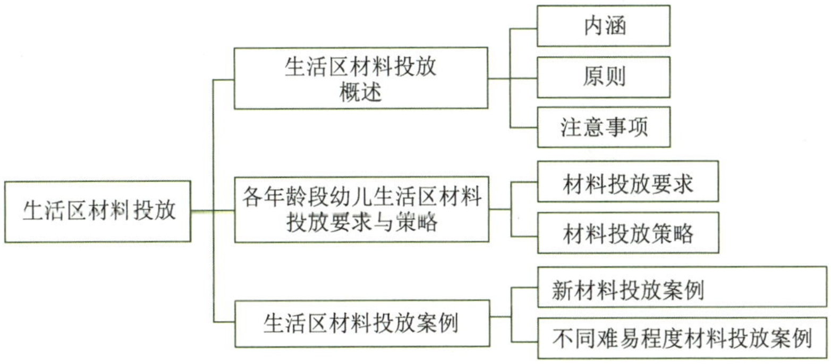

第一节 生活区材料投放概述

一、生活区材料的内涵

《指南》指出，幼儿的学习是以直接经验为基础，在游戏和日常生活中进行的。要珍视游戏和生活的独特价值，创设丰富的教育环境。教师应基于《纲要》《指南》及幼儿园课程整体目标中对幼儿生活能力发展的要求，根据幼儿的发展需要，以真实生活为原型来创设班级生活区环境，并在环境中提供与真实生活相对应的各种游戏化、情境化、活动化的材料。通过幼儿的直接感知与亲身体验，培养他们良好的生活习惯和自理能力，并保证幼儿的身心健康发展，形成使其终身受益的生活能力和文明的生活方式。

（一）生活区材料的概念

《纲要》指出，幼儿园的空间、设施、活动材料和常规要求等应有利于引发、支持幼儿的游戏和各种探索活动，有利于引发、支持幼儿与周围环境之间积极的相互作用。生活区是培养幼儿生活技能、生活习惯的区域，教师在此创设生活情境，提供各种与生活相关的材料，使幼儿进行操作练习。

基于此，幼儿园生活区材料应该是从幼儿的生活经验出发，服务于真实的活动情境，以培养幼儿的日常生活技能、良好的生活和卫生习惯为目的的，用于幼儿生活区活动的，丰富的、有趣味的活动材料。

（二）生活区材料的种类

“材料是幼儿的另一位教师”，幼儿在与材料的有效互动中，积累有益的生活经验，也促进了各项技能的发展。生活区材料种类主要包括基本材料、辅助材料和自制材料。基本材料是指最基本、最重要、最常用和最稳定的材料，如衣服、蒸煮锅等；辅助材料是指对活动起辅助作用的材料，如一次性手套、口罩等；自制材料是指教师根据幼儿的年龄特点和兴趣、发展需要自制的生活区材料，如缠线鱼、豆子迷宫等。

生活区材料可以帮助幼儿基于兴趣从每日的基本操作中获得必要的生活技巧，形成独立的品格。教师根据幼儿各年龄阶段的发展特点，围绕基本动作发展情况、自我服务能力、照顾环境及生活礼仪方面创设区域环境、投入相关材料，使幼儿在不断地探索操作中强化这些能力。教师可为幼儿提供可操作的基本材料、辅助材料和自制材料，充分发挥幼儿的主观能动性，强化幼儿的学习行为，让幼儿在开放式的学习环境中大胆地想象与探索。

（三）生活区材料的特点

提供适宜的材料是区域活动中教师应该具备的专业能力之一，无论是材料的设计、投放，还是对材料的评价，都应围绕材料的各项特点来进行。而材料所包含的特点应基于幼儿的身心发展特点及该区域的发展目标。生活区材料包含以下特点：安全性、丰富性、情境性和趣味性。

1. 安全性

安全是幼儿教育中最重要的一点。由于幼儿的操作经验不足，容易受到伤害，教师应对安全因素更为关注，细心考量材料中可能存在的安全隐患，并在设计材料及投放时加以注意。一般而言，应为幼儿选择安全无毒的材料，并基于材料的易碎性、硬度、高度、重量等选择适宜的配件。

2. 丰富性

在投放适宜的材料时，基于幼儿的年龄特点，教师需要着重考虑材料的丰富性。材料的数量和种类直接由幼儿不同年龄发展阶段的认知特点所决定。小班幼儿对物品数量的理解大约在 6 个以内，因此投放材料的数量不宜过多。考虑到幼儿注意力有限的发展特点，在投放材料时要特别注意避免幼儿因重复一项操作的时间过长，丧失操作兴趣而无法坚持。同时，材料的操作步骤也应相对简洁，基于幼儿的发展特点不要将操作的难度设置得过高，以免幼儿失去尝试的信心。

幼儿进入中、大班后，数量概念有了进一步发展，专注时间相对于小班幼儿来说也明显延长，因此材料数量可适当地增加。一方面，这样能进一步增强幼儿的数量概念，发挥生活区的一些隐性功能，实现区域相关经验的迁移；另一方面，材料数量的增加需要幼儿投入更多的专注时间，有助于提升幼儿的学习品质，为幼儿将来进入小学奠定良好的基础。当然，区域材料的数量和种类并不是一成不变的，教师也应考虑材料操作的难易程度及本班幼儿的实际发展水平，进行针对性的调整。

3. 情境性

基于幼儿直观形象思维的特点，教师在材料的选取和设计上应注意考虑贴近幼儿的生活，为幼儿提供真实的情境。这样做的目的有以下三点：第一，真实的情境富有趣味性，能更好地激发幼儿探索材料的兴趣；第二，真实的情境贴近幼儿的生活，符合其发展经验，便于幼儿掌握新的经验；第三，真实的情境有助于幼儿将区域材料操作中获得的经验迁移到真实的生活中，真正做到学以致用。因此，教师在材料选取、设计、投放及环境创设上都应力求回归真实的情境。

4. 趣味性

幼儿天生会被美好的事物吸引，精美有趣的材料易吸引幼儿的眼球，使幼儿在感受美的同时，增强进区探索材料的兴趣。此外，材料本身对幼儿来说是无形的教师，其本身的设计对幼儿应有引导作用，因此材料设计的完整性、趣味性也有利于提升幼儿的逻辑性思维，有趣、完整的材料能完全对应材料的发展目标，实现其教育功能。

二、生活区材料投放的原则

在区域活动中，环境与幼儿始终共存，幼儿通过与环境的“互动”来实现自我探索、自我学习与自我发展。在区域活动环境中，对幼儿影响最大、与幼儿互动频率最高的就是环境中的材料。教师可以从以下原则入手进行生活区材料投放。

（一）科学性与教育性相结合

生活区材料投放应以幼儿生活为基础，按照科学性与教育性进行投放与使用。《指南》指出，幼儿的学习是以直接经验为基础，在游戏和日常生活中进行的，要珍视游戏和生活的独特价值。加之生活区本身的特点，在搜集材料时，教师应选择贴近幼儿生活、符合幼儿已有经验的材料。

（二）丰富性与层次性相结合

生活区材料投放应以幼儿成长规律为根本，按照丰富性与层次性进行投放与使用。材料作为开展区域活动的物质基础，承载着各领域的教学内容，幼儿需要不断地、主动地寻找并探索能促进其“最近发展区”的材料，以获取信息、积累经验和发展能力。提供适宜的材料是区域活动中教师应该具备的专业技能之一，不同年龄的幼儿因认知水平、能力发展、兴趣爱好各异，所需要的材料也各不相同，教师应根据幼儿的需要有目的、有计划地投放适宜的材料，并随着幼儿的发展和兴趣及时地调整、更新材料，这样才能使材料具有适宜性，适合幼儿的需要，促进幼儿在区域活动中获得持续性的发展。

（三）趣味性与启发性相结合

生活区材料投放与使用应以幼儿兴趣为前提，按照趣味性与启发性进行。兴趣是幼儿学习和发展的内驱力，因此在材料投放中须注重材料的趣味性。特别是小班幼儿，他们注意力不集中，容易受到外部环境的干扰，注意水平较低，观察的目的性较差，一旦材料缺乏趣味性，幼儿很快就会失去兴趣。

三、生活区材料投放的注意事项

（一）材料投放、呈现应规范、合理

幼儿在生活区形成的操作习惯将为他们在其他区域的发展打下基础，因此生活区材料本身的设计和呈现都应做到规范、合理，这也是为幼儿做好正确指引的前提。所谓规范，指的是材料在呈现上应符合合理的逻辑顺序，一般而言是从上到下、从左到右，其他辅助材料也应摆放在指定位置。

（二）材料投放位置应合理

生活区材料的投放位置需要教师结合生活区的空间特点合理布局，要考虑水源、电源、其他活动区的分布等因素。材料的摆放需要教师更多地基于生活区内容体系加以思考来选择合适的位置。合理有序地摆放，既有助于幼儿正确操作，也有助于其秩序感的建立。

（三）材料投放应分类、分层

教师在投放材料时应保证生活区各项内容的覆盖，按照难度层级依次摆放。这样保证了幼儿在生活区获取关键经验，使其可根据自己的发展需要从左到右开始选择材料。幼儿即使从未探索过这方面的材料，也有可能从左往右、从易到难选择材料。教师应以材料内容全面覆盖为原则投放材料，且在摆放时注意逻辑顺序，分类分层呈现。教师在生活区材料库中选择适宜的材料投放在活动柜时，不能盲目地将已有的材料随意投入，而应根据生活区目标的分类，将同一类材料放在一起，并在同类型材料中划分难度层级。

第二节　各年龄段幼儿生活区材料投放要求与策略

一、各年龄段幼儿生活区材料投放要求

（一）小班生活区材料投放要求

小班幼儿刚从家庭进入集体生活，需要培养良好的生活习惯及生活自理能力，小班生活区的材料主要为此目的进行准备。小班幼儿相对而言生活能力比较弱，因此在设计小班生活区材料时，教师首先需要提出的目标是激发幼儿动手的兴趣，让幼儿喜欢自己做，然后引导幼儿在兴趣的基础上一步步地提高动手能力，发展初步

的生活自理能力。

喜欢听故事是幼儿的天性，小班幼儿尤其喜欢故事和故事中的情节及角色。针对这一特点，教师在设计、投放小班生活区材料和开展活动时，可增强活动的情境性，通过故事中的情节或吸引人的角色来激发幼儿操作材料的兴趣，通过材料探索来提高他们的生活自理能力。

1. 小班生活区材料投放表（表 5-2-1）

表 5-2-1　生活区材料投放表（小班）

类型	动作灵活协调	生活自理能力	安全自我保护
基本材料与工具	串珠、塑料砧板、儿童用刀、衣服、裤子等	可穿脱衣服的娃娃玩具、小床、牙齿模型、牙刷、牙刷杯、煤气灶、锅、铲子、碗、勺等	研磨器、榨汁机等
辅助材料与工具	成品材料： 餐盘、棉绳等 生活材料： 各种水果、蔬菜、各种豆类、花生等 自然材料： 树叶等	成品材料： 仿真蔬菜水果等 生活材料： 围巾、袜子、手套等 自然材料： 松果、树叶等	成品材料： 厨师围裙、袖套、头套、塑料砧板、儿童用刀、餐盘等 生活材料： 各种水果、酸奶、芝麻、黄豆等
自制材料与工具	自制纸板鞋子、穿鞋带步骤图等	叠衣服流程图、鞋子配对图、巴氏刷牙法步骤图、牙齿咔咔咔游戏材料等	水果沙拉流程图等

2. 小班生活区材料投放图

研磨器

贴五官

可爱的小狮子

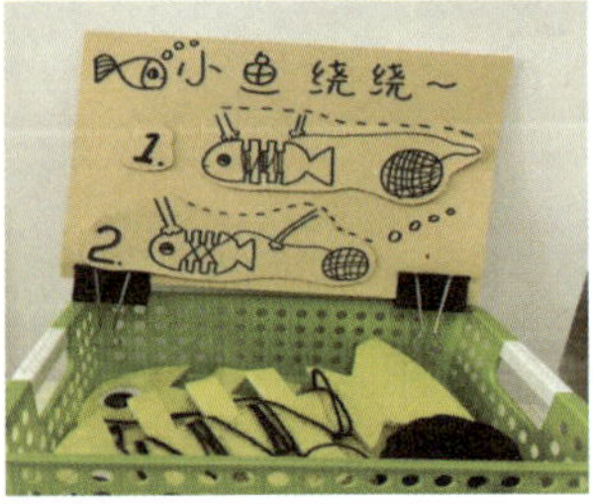

缠线鱼

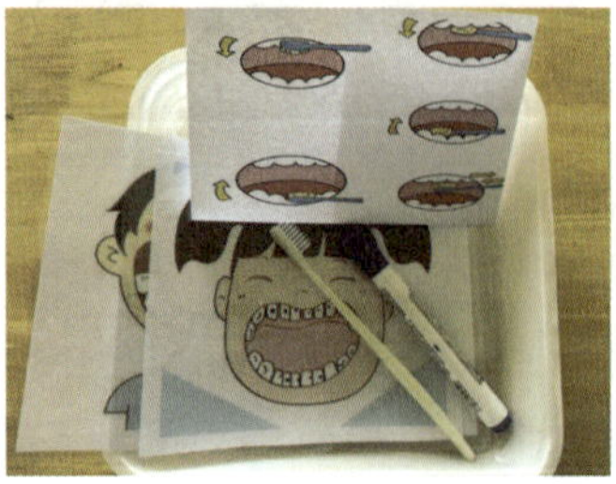

我会刷牙

漂亮的手链

榨汁机

整理袜子

穿穿线

投喂小动物

青蛙纽扣

包糖果

晾衣服

叠衣服

切菜板

3. 小班生活区材料自制活动

缠线鱼

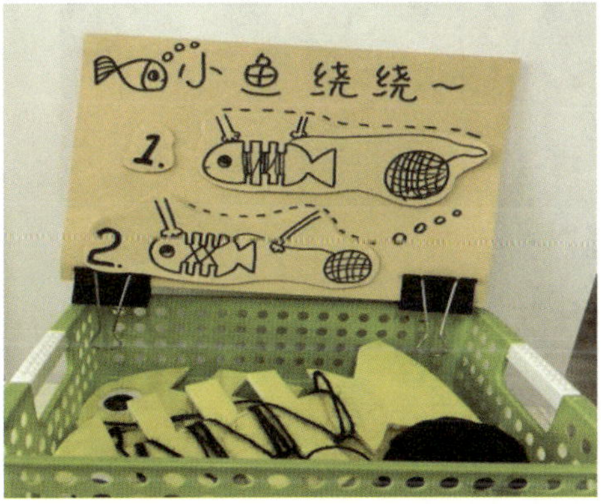

缠线鱼

目的：

（1）幼儿通过一手拿“鱼”，一手拿麻绳缠绕，锻炼手部肌肉，提升手部的灵活性。

（2）探索不同的绕麻绳的方法。

制作方法：

（1）在无纺布上用勾线笔绘制出鱼骨的形状，用剪刀沿着边缘进行裁剪。

（2）提供足够长度的麻绳。

（3）绘制材料操作的示意图。

使用方法：

（1）幼儿裁剪适当长度的麻绳。

（2）选取一个裁剪好的鱼骨。

（3）按照操作示意图进行游戏操作。

方法一：可以进行单节鱼骨的缠绕，先在一节鱼骨处缠绕若干次，再换至下一节鱼骨处，如此重复。

方法二：可以每两节鱼骨处进行交叉缠绕，缠绕若干次。

（4）根据第三步的操作，将缠绕的麻绳反向缠绕，解开麻绳，将麻绳绕成球放置整理。

牙齿咔咔咔

牙齿咔咔咔

目的：

让幼儿知道多吃蔬菜、水果对牙齿是有好处的，甜食和油炸食物吃多了对牙齿是不好的，要均衡膳食，多吃蔬菜、水果，少吃甜食和油炸食物等不健康的食物，不仅要保护好自己的身体，也要保护好自己的牙齿。

制作方法：

（1）用 KT 板制作一个开心的牙齿和一个悲伤的牙齿，并在两个牙齿上贴上子母贴。

（2）打印各种蔬菜、水果等健康食品和汉堡、薯条、冰激凌等不健康食品的图片，裁剪并塑封图片，在食物图片背后同样贴上子母贴。

使用方法：

（1）让幼儿分一分、说一说哪些是健康的食物，哪些是多吃会对牙齿、身体产生不良影响的食物。

（2）区分食物后将图片粘贴在开心或者伤心的牙齿上，同伴可以进行对错判断，说说自己的意见。

（3）和同伴说一说怎样保护牙齿，如坚持早晚刷牙、少吃甜食、定期检查牙齿等，学习正确刷牙的方法。“牙齿咔咔咔”可以让幼儿更加了解要多吃蔬菜、水果，少吃不健康的食物，保护好自己的牙齿和身体。

我会刷牙

我会刷牙

目的：

（1）帮助幼儿学会正确使用牙刷的方法。

（2）激发幼儿刷牙的兴趣，帮助幼儿养成良好的口腔卫生习惯。

制作方法：

（1）将打印好的卡通人物裁剪、塑封。

（2）提供干净的牙刷和可擦笔。

（3）绘制正确的刷牙步骤图。

使用方法：

（1）用可擦笔在卡通人物的牙齿上画上牙渍。

（2）幼儿根据正确的刷牙步骤图用牙刷刷牙，去除牙渍，学会正确使用牙刷的方法。

（二）中班生活区材料投放的要求

经过一年的幼儿园生活，中班幼儿已具备了在园应有的基本生活能力。对于中班生活区材料投放，教师注重的是进一步提高中班幼儿的生活自理能力，增强其乐于做自己的事情的愿望。为了达到这一目标，在进行活动设计与材料制作时，教师根据中班幼儿思维更为活跃、有了一定动手能力的特点，选取生活中有一定情境、贴近幼儿生活的事物，牢牢把握区域活动所需要准备的材料，引导幼儿重新回顾生活中的经验来促进其生活能力的提高以及生活习惯的养成。所以，在提供材料方面，一要注重多元化，二要关注层次性。在实施过程中，通过观察发现中班幼儿更喜欢将基本材料与辅助材料相结合，更多地使用一些半成品材料及低结构材料。幼儿们提出疑问，并通过实践操作，尝试寻求答案，体验到了快乐，而单一的高结构材料则渐渐缺少了吸引力。

1. 中班生活区材料投放表（表 5-2-2）

表 5-2-2 生活区材料投放表（中班）

类型	动作灵活协调	生活自理能力	安全自我保护
基本材料与工具	各种各样的锁、电子秤、量杯、手套等	衣服、裤子、袜子、围巾、毛巾、帽子等	厨师袖套头套、电饼铛、蒸煮锅、电磁炉等
辅助材料与工具	成品材料： 穿线板、纽扣板、鞋带板等 生活材料： 各类铲、碗、勺、筷子、杯子、纽扣、茶壶、各种各样的线等 自然材料： 大蒜、葵花子、花生、开心果、瓜子等带壳的坚果；苹果、香蕉、橙子等水果及萝卜、葱、蒜等易切蔬菜	成品材料： 可穿脱衣服的娃娃、水果蔬菜模型、牙齿模型等 生活材料： 儿童刀具、砧板、木锤、擀面杖、捣蒜器、盘子、托盘、清洗剂等 自然材料： 水等	成品材料： 隔线盒、各种纸等 生活材料： 拖线板、保鲜盒、密封罐、密封盒、隔热手套、隔板等 自然材料： 各类豆子、大米、水、各种调味料等
自制材料与工具	自制毛线变变变、自制香包步骤图、自制穿越火线挑战板等	自制整理步骤图、自制穿戴步骤图、自制清洗步骤图等	自制电器安全标识、自制儿童食谱等

2. 中班生活区材料投放图

储水瓶

电饼铛

儿童刀具组合

餐盘、勺

刨丝器

电煮锅

编花篮

动物穿线

夹珠子

简易纺织机

豆子迷宫

香包制作材料

3. 中班生活区材料自制活动

毛线变变变

木棒、毛线、双面胶

固定毛线

绕三角形

绕花瓣形

目的：

（1）能用毛线在木棒上有序缠绕出基本图形的框架，发展幼儿的逻辑思维能力。

（2）按照上、下、左、右方向正确缠绕，掌握基本方位。

（3）促进幼儿手部精细动作发展。

制作方法：

（1）准备四根扁木棒、一卷双面胶和一捆细毛线。

（2）在每根木棒中间贴上适当粗细的双面胶，按照“十”字的样式摆放，将两根木棒的中心紧紧粘连。

（3）将剩下两根木棒按照“米”字的样子摆放，注意将每根木棒的中心交集在一起，用手紧紧按压。

（4）将准备好的毛线取出绳子的一头，在粘贴好的木棒中央缠绕若干圈固定。

（5）用不同颜色的钉子按相同间隔固定在木棒上，注意不要将钉帽露出，可用胶枪加强固定。

使用方法：

（1）在木棒中央按照上、下、上、下或上、上、下、下的方向缠绕圆形，毛线与毛线之间紧密贴合、不漏缝隙，毛线与木棒连接。

（2）自己提前构想需要框架的基本图形，如：三角形、正方形、圆形、花形等。

（3）将毛线按照绕过中外层的一个钉子，拉出一部分毛线后，延伸出基本形状的一条边，如三角形、正方形的一条边，再绕过与中心相同间隔的一个钉子，有序勾勒形状，注意手要将毛线拉直。

（4）也可将毛线绕住同样颜色的三个钉子，再沿左边或者右边一个方向同样缠绕，勾勒出花瓣的基本形状。

（5）幼儿可自主发挥想象力，缠绕出心中的图形或事物。

香包制作

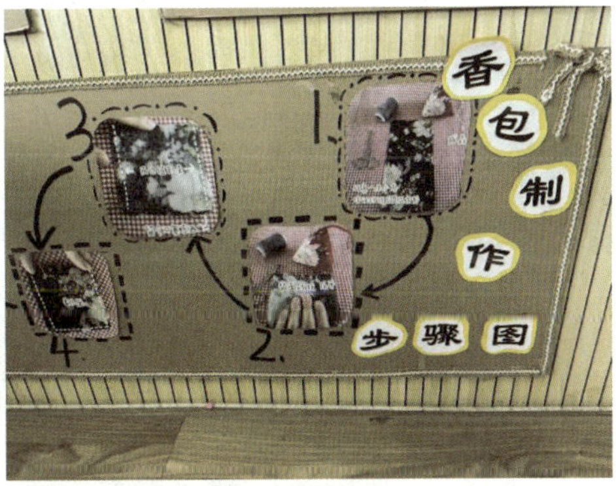

香包制作步骤图

香包制作材料包

香包成品

目的：

（1）了解制作香包的基本步骤。

（2）通过穿线、缝布、翻折、打结等动作锻炼手部精细动作。

（3）体验亲自动手缝合制作香包的快乐。

制作方法：

（1）准备充足数量的儿童针线、儿童剪刀、各种材质的布料、各种干花。

（2）按照"①任意一块正方形小布；②背面对折压平；③两边缝起来，留个口塞东西；④翻面；⑤塞好东西对折缝起来"的步骤，绘制香包制作步骤图，提供给制作香包的幼儿参考。

（3）前期投放一些布料，在上面画好实线和虚线让幼儿简单尝试对折并缝合，建立一些经验基础。

使用方法：

（1）选择自己喜欢的布料，裁剪出一个正方形。

（2）用儿童针穿好线，在教师的帮助下打结，缝两遍，再打结。

（3）将香包翻面，遮住缝线部分。

（4）选择自己想要的香料，装进香包开口处。

（5）开口处与之前相反方向对折缝起来，打结，香包制作完成。

豆子迷宫

豆子迷宫

目的：

（1）夹着豆子在不同的板子上完成相应的路线，锻炼幼儿手部肌肉的控制能力，同时提升幼儿的专注力。

（2）掌握多种工具的使用方法，如勺子、夹子、筷子等，感受不同工具的特点。

（3）通过清点豆子的数量，提升幼儿数数和记录的能力。

制作方法：

（1）准备 KT 板若干、大架子若干、不同种类豆子（蚕豆、黄豆、绿豆等）若干、勺子、铁筷子、木筷子、夹子、记录表、笔、沙漏。

（2）在 KT 板上设计豆子经过的路线，路线设计考虑难易程度，路线有宽有窄、有高有低、有直线有曲线，满足不同幼儿的需求，激发幼儿的挑战欲望。

使用方法：

（1）独自玩：幼儿选择一块迷宫板子、豆子、需使用的工具，尝试用工具夹住豆子通过迷宫，规则是不能碰到迷宫板子，将豆子安全从起点送到终点。

① 可以加入沙漏，观察自己规定时间内能够成功夹到几颗豆子，并记录下自己每次的通过数量。

② 可以更换板子、工具、豆子种类，设置不同挑战。

（2）与同伴比赛玩：同时与同伴进行夹豆子比赛，比较规定时间内通过数量的多少。

（三）大班生活区材料投放要求

通过一日活动中各生活环节的学习与发展，在小班与中班材料探索的基础上，大班幼儿的生活自理能力已基本具备并日渐成熟，教师应向他们提出更高的要求，从自我服务提升到为他人服务的层面。

同时，大班幼儿的问题意识越来越强，他们的问题越来越具有指向性，甚至会先假设一个答案，然后再去验证其正确性。对这一阶段的幼儿来说，他们到了真正需要答案的年龄。因此，这时期的材料提供应该具有系统性。教师应改变材料单一化的投放方式，提供组合型的材料，从而有效激发幼儿的创造性思维。

1. 大班生活区材料投放表（表 5-2-3）

表 5-2-3　生活区材料投放表（大班）

类型	动作灵活协调	生活自理能力	安全自我保护
基本材料与工具	筷子、勺子、刀、叉、蔬果、谷物、面粉、超轻黏土、橡皮泥、线、绣针、串珠、十字绣、仿真织布机、戳戳绣、珠帘架、芦苇、木工工具等	线、鞋带、穿线板、蝴蝶结、纽扣、毛线、材料柜、衣物、被褥等	身体结构模型、牙齿模具、榨汁机、烤箱、电磁炉、锅、石磨、护目镜、耳罩、胶枪、锯子、锤子、榔头、剪刀等

续表

类型	动作灵活协调	生活自理能力	安全自我保护
辅助材料与工具	成品材料： 电子秤、手套、糕点模具、分蛋器、布料、绣棚、小珠子、翻线书、说明书等 生活材料： 调料、碗碟、量杯、瓶子、坚果夹、果壳盆、擀面杖、密封罐、烹饪服饰砧板、泥工板、纸板、剪刀、砂纸、尺子等 自然材料： 各种豆子、木头、木棍、圆木片等	成品材料： 手套、鞋子、换牙书籍等 生活材料： 旧毛衣、梳子、皮筋、牙刷、刷牙杯、指甲钳、剪刀等 自然材料： 水等	成品材料： 口罩、耳塞、镜子、放大镜、温度计、电池、计时器、沙漏等 生活材料： 拖线板、防割（烫）手套、毛巾、密封袋、密封盒、坚果夹、隔热垫、电池、尺子、牙刷、刷牙杯、遮眼板、指挥棒等 自然材料： 水、各种烹饪食材等
自制材料与工具	夹豆子记录纸、自制纸盒、自制香包、自制食谱、水果酵素、蔬菜汁、透明绕毛线纸盒、线板、画框等	编辫子步骤图、系鞋带步骤图、穿鞋带展示板、纸板鞋、自制剪指甲方法图、手指指甲模板、标签贴等	蛀牙图片、刷牙步骤图、护牙知识、视力表、记录纸、自制电器使用说明书、服装分类表、天气预报展板、隔线盒等

2. 大班生活区材料投放图

编辫子

木工工具

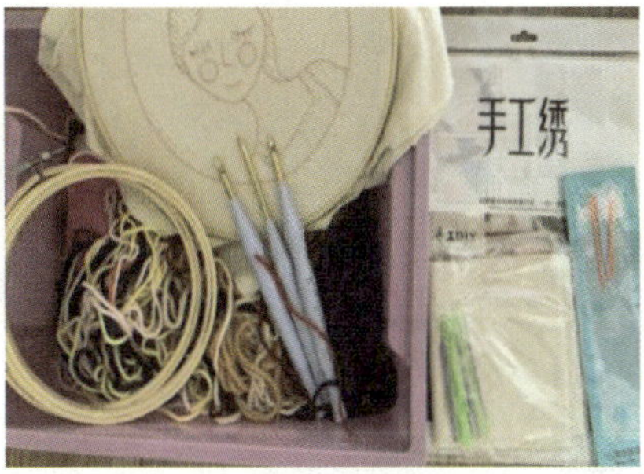

手工绣

石磨

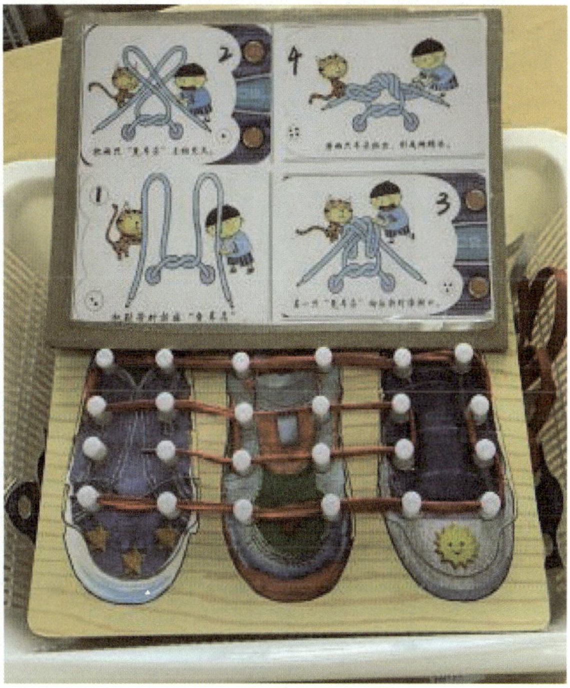

系鞋带

电磁炉、锅

糖画工具

坚果

粽叶

3. 大班生活区材料自制活动

有趣的编织

编织材料

目的：

（1）通过操作适宜的编织材料，达到训练幼儿手部肌肉、培养手眼协调和手指灵活性的目的。

（2）利用不同的编织材料，尝试更多的编织技巧，由易到难，使幼儿感受编织的乐趣。

制作方法：

（1）纸盒编织：将废旧的纸盒裁剪成长、宽、高相同的编织筐，纸盒的宽窄决定编织成的围脖的疏密。

（2）木棒编织：根据编织需要，利用胶枪将几根木棒进行固定，作为编织的支架。

（3）纸杯编织：提供几只裁剪好的纸杯，以及不同材质的绳子、毛线，进行编织。

使用方法：

（1）纸盒编织：把毛线头用胶带固定在纸盒的边缘，毛线按照顺序绕过每个齿环，绕第二圈时把下面的线拉过上面的线，并套在纸盒的内侧。不断重复直到合适的长度再收线，将线头套在齿环外的线环穿过再拉出。

（2）木棒编织：根据需要，选择木棒若干，利用胶枪将木棒固定起来。按照一上一下穿梭的形式，将毛线缠绕在木棒上。缠绕木棒时注意上下缠绕要平均，需要变换颜色时，将毛线末端在木棒上打结，注意毛线不用缠绕到木棒的尽头，留出一部分会更容易固定，然后再换色进行编织。

（3）纸杯编织：将纸杯裁剪成粗细相同的花朵的形状，将第一根编织的毛线从纸杯的一端底部开始穿插，一前一后编织，如此来回重复，慢慢往上进行编织。编织时要按照从左到右一定的顺序进行有序编织。根据需要沿着纸杯绕毛线时，应注意纸杯的杯身要均匀缠绕。

系鞋带

系鞋带

目的：

（1）锻炼大班幼儿穿、拉、打结等手部精细动作。

（2）帮助幼儿学习系鞋带的技能，提高生活自理能力。

材料准备：

纸板、彩笔、鞋带或绳子

制作方法：

（1）在硬纸板上画出鞋子的形状，幼儿涂上喜欢的颜色，教师用小刀割下。

（2）用剪刀在鞋面上钻几个对称的小孔当鞋带孔。

（3）提供粗细不一、材质不同的鞋带或绳子。

使用方法：

（1）提供系鞋带的操作步骤图，幼儿在生活区根据步骤图尝试系鞋带。

（2）幼儿自由选择粗细不一的绳子当鞋带尝试系鞋带。

（3）幼儿一边系鞋带一边念儿歌，“小鞋带，手中拿，一左一右先交叉。一根弯腰钻进洞，两手轻轻系紧它。折成两只小耳朵，再一弯腰钻进洞，开出一朵蝴蝶花。”使幼儿能更好地学会系鞋带的生活技能。

二、各年龄段幼儿生活区材料投放策略

（一）小班生活区材料投放策略

1. 提供单一的、操作简单的工具

小班幼儿思维的特点是直觉行动性，喜欢重复单一的动作，因此教师需要提供操作简单的工具，工具的操作技能也应该是单一的，避免因程序复杂，造成幼儿不能顺利地完成活动。如：在“捣捣乐”的活动中，幼儿只需要抓握捣子，不断重复捣的动作，就能看到饼干形态的变化，操作起来非常简单，满足了此年龄段幼儿对于单一动作重复的需求。

2. 提供实物应和玩具搭配

小班幼儿的操作工具和材料要简单且安全，一些真实的工具和材料不太适合这个阶段的幼儿，而市面上或者自制的一些比较逼真的玩具不仅安全，而且非常有趣，这在保障小班幼儿安全的同时，也满足其操作和想象的需求。因此，生活区中可以同时提供食材和玩具，以满足幼儿操作需要，提高幼儿的操作技能。如：幼儿在“切水果”的活动中，“水果”木质的材料和逼真的外形既环保又有趣，用子母扣连接水果的切面，刀口很钝，既安全又可以反复操作，幼儿可以在单一重复的操作中了解各种水果、蔬菜。

（二）中班生活区材料投放策略

1. 提供一定数量操作方便的工具

中班幼儿操作的工具较小班来说数量有所增加，教师根据幼儿的能力及活动需要，增加塑料小刀、平头剪刀等工具。但中班幼儿动作还不是很协调，因此在提供操作工具时，教师要考虑到幼儿是否使用方便，避免因工具投放失误造成幼儿操作不便。如提供的塑料小刀要便于幼儿一把抓住、盛物的器皿口要大、勺子把要短、勺子头要深等。

2. 提供与幼儿经验相关的生活用品

根据幼儿的经验和年龄特点，以及中班幼儿的生活需求和发展水平，教师在生活区中提供各种与生活经验紧密联系的材料，供幼儿进行操作练习，锻炼幼儿的动手能力、手眼协调能力、生活自理能力等。在开展“给娃娃穿衣”活动中，教师给幼儿提供了形象可爱的布娃娃及衣服，通过帮布娃娃穿衣服，幼儿学习穿开衫和套

头衫，以及扣扣子，以提高幼儿的自理能力。

（三）大班生活区材料投放策略

1. 提供有挑战性的工具，满足不同幼儿的需要

大班幼儿的理解能力、操作能力存在差异性，因此教师在提供各类工具的时候，要注意层次性，并根据幼儿的性别、兴趣倾向、技能分化等，满足不同幼儿的需要。如：根据幼儿的性别，提供适合女幼儿操作的手环编织工具和适合男幼儿操作的夹核桃钳工具；根据幼儿的能力水平，提供操作程序简便的电煮锅和操作程序相对复杂的电饼铛，让幼儿根据自己的兴趣及操作能力选择相应的工具进行操作。

2. 提供与传统文化相关的材料

教师可根据课程需要围绕传统文化提供相关的工具和材料，拓展幼儿的经验，帮助他们感受传统文化，发展手部精细动作。如：在开展“暖暖茶”活动的过程中，教师根据幼儿的经验及需要，设计了泡暖暖茶的区域活动，幼儿学习泡暖暖茶的方法，拓展了幼儿对茶的认识和了解，提高了幼儿对日常生活的关注。生活区的内容，不仅要包含日常的食物制作、手工制作和生活自理方面的内容，而且可包含特色食物及手工的制作，这样才能更好帮助幼儿了解我国博大精深的文化。

教师需要用慧眼仔细观察，分析幼儿在活动中的表现，准确把握幼儿的活动水平，在原有投放材料的基础上有目的地去更换投放的材料。

第三节　生活区材料投放案例

一、新材料投放案例

晾衣服

观察实录：

沐沐和小哲来到了生活区，“今天我来扮演妈妈，你当爸爸好吗？”沐沐对小哲说道。小哲点点头同意了。“家里好脏啊，我们来打扫一下吧。”沐沐看着玩具乱七八糟地摆放在柜子里，对小哲提议道。她从柜子里拿来了一个小脸盆，又把袜子收纳盒、毛巾、衣服拿到了桌上，“先来洗衣服吧！”沐沐说道。“那我来照顾宝宝吧。”小哲抱着娃娃说道。她将衣服从衣架上取下来放到脸盆里，手开始揉搓起来。衣服洗好后她将衣服晾起来并将衣架晾在网格上。“我还要把毛巾洗一下。”沐沐边

说边用手揉着毛巾。她想把毛巾晾在馨馨新带来的多功能衣架上。她发现夹子有点硬，很难夹，“老师，这个夹子我打不开，你帮帮我吧！”沐沐向教师寻求帮助。“再自己试一试哦，手要放在夹子上面的地方，往中间用力。”教师对沐沐说。她听取了教师的意见，把毛巾晾了起来，虽然只夹到了毛巾的一点点边边。

洗衣服

晾衣服

洗袜子

“我好累啊，剩下的袜子爸爸来洗吧。我来照顾宝宝。”沐沐说道。“好的，我来。”小哲将娃娃递给了沐沐，开始从收纳盒里将袜子取出来并拆开。“我要洗袜子咯。”他笑着说道，手放在脸盆里乱搅。“袜子洗干净啦！”“那你把袜子也晾在那里吧！”沐沐指了指已经晾了毛巾的多功能衣架。“这个夹子好紧。”小哲说道。“好难夹哦。”小哲

晾袜子

费了很大的力气才将袜子夹了上去。“老师，这个袜子没晾完，夹子不够了。”小哲说道。“那怎么办呢？袜子平时我们是不是一对一对穿的呀？”教师对小哲说。“那我可以把两只夹到一起，这样就够了。”他看着教师说道。他看了看袜子，想把一对的袜子夹上去，发现很难夹上去。“我来帮你吧！”沐沐说道，她把娃娃放在小床上。她两只手用力将夹子打开，发现一只袜子还没夹上去，另一只就掉了下来。“那我们一起把两只袜子一起夹上去吧。”于是沐沐将两只袜子叠在一起，小哲用力将夹子打开，袜子终于在他们的努力下晾好了。

分析：

（1）有幼儿从家中带来了多功能衣架、袜子收纳盒等材料，并投放到了生活区，从而引发了沐沐和小哲“洗衣服”的情境。幼儿能够根据自己的想法开展情境游戏，沐沐能够提出自己扮演妈妈、小哲扮演爸爸的诉求，并且根据材料摆放杂乱的情形提出对家里进行打扫的建议，而打扫的第一步是将衣服清洗干净。两件材料都来源于生活，是幼儿比较熟悉的，该游戏的目的是锻炼幼儿手部精细动作的发展和配对能力。

（2）在晾袜子时出现了困难，沐沐和小哲能够在教师的指导下尝试去克服困难，而不是轻易放弃，二人能够一个拿袜子，一个夹夹子，相互合作配合，在一对袜子晾一起的过程中也发展了幼儿配对的能力。但是不锈钢夹子对手部力量要求高，对小班幼儿来说难度较大，教师需要思考多功能衣架的适宜性，以及是否适合小班年龄段幼儿进行操作。

指导策略：

（1）教师应思考游戏材料的适宜性。这次幼儿带来的多功能衣架上的夹子是不锈钢夹子，幼儿在夹衣物时遇到困难。教师可以将不锈钢夹子替换成塑料夹子，帮助幼儿锻炼“夹”这一技能。

（2）在材料投放时既要注重目的性和适宜性，也要注重层次性。除了提供多功能衣架之外，也可以提供一些普通衣架，还可以提供一些塑料夹子、木头夹子等，让不同能力水平的幼儿从自身已有水平向更高水平发展。

（3）教师在幼儿出现困难时，没有直接帮助幼儿晾衣物，而是引导幼儿尝试自己解决问题，提高了幼儿解决问题的能力，并且培养了幼儿的合作精神。在点评环节，让幼儿和其他幼儿分享在游戏中遇到困难时的解决方法，将好的行为推广给班级其他幼儿。

二、不同难易程度材料投放案例

（一）夹豆子

观察实录：

区域游戏开始，乐乐和越越来到生活区，两个人拿着木筷进行夹豆子游戏，夹了一会儿，乐乐提议说两个人比赛，他们邀请教师来帮助计时，看规定时间内谁夹的豆子多。经过几次游戏之后，豆子的数量越夹越多，越越说："我觉得夹豆子太简单了吧！"乐乐说："我都夹到五十三颗啦！"基于幼儿表示夹豆子游戏太简单了，教师对游戏进行了难度升级。生活区夹豆子游戏的材料中增加了光滑的铁筷子、小小的黄豆、红豆，另外还投放了一些豆子迷宫板，幼儿须夹着豆子按照轨道行进。新的材料提高了游戏的难度，幼儿夹豆子的速度明显变慢了。乐乐的动手能力比较强，适应能力也比较好，在反复的练习中，很快就能用光滑的铁筷子夹住小小的黄豆。熟练掌握之后，乐乐和越越开始在迷宫板上开展游戏，成功运送完一颗豆子之后，两个人都非常开心，游戏兴趣更加高涨。

夹豆子

分析：

（1）《指南》指出，要创造条件和机会促进幼儿手部动作灵活协调发展，4—5岁幼儿手的动作要灵活协调，会使用筷子吃饭。中班期间，幼儿在园使用勺子吃饭，使用筷子的机会比较少，通过生活区夹豆子游戏，幼儿手部的肌肉得到锻炼。幼儿对于筷子的使用水平参差不齐，部分幼儿已经会使用筷子夹东西，部分幼儿却对使用筷子的兴趣不浓，大部分幼儿在使用筷子的过程中对筷子的拿握方法不一。

（2）《纲要》指出，游戏是幼儿的基本活动。开展好的游戏离不开物质环境的提供及游戏材料的准备，要使幼儿在游戏中得到发展就必须提高游戏质量。而影响游戏质量的一个重要因素就是游戏材料。生活区材料的投放应该符合中班幼儿的最近发展区，在符合幼儿年龄阶段特点的基础上，投入幼儿感兴趣的游戏材料，给予幼儿自主发展的空间。

（3）区域游戏是根据幼儿的发展目标设置的，由于幼儿的发展变化，生活区的游戏内容及游戏材料也要根据幼儿的发展情况、能力水平和游戏情境进行适当的调整和更换。

指导策略：

（1）教师要为幼儿创造充分的条件和机会，促进幼儿手部动作的灵活协调发展。夹豆子的游戏主要锻炼的是幼儿使用筷子的能力。幼儿升入中班，开始尝试使用筷子，为帮助班级幼儿掌握正确使用筷子的方法，促使幼儿对筷子产生兴趣，教师要结合班级幼儿的发展特点，开展一系列与使用筷子有关的游戏活动。活动中以尊重幼儿的学习方式，融合生活与游戏的情景，让幼儿感受玩、学、用的快乐体验，促进幼儿身心和谐发展。

（2）尊重幼儿的兴趣，投放幼儿感兴趣的游戏材料。在活动中，教师要时刻关注幼儿的兴趣，多投放幼儿感兴趣的游戏材料，让游戏在幼儿的最近发展区内，既让游戏材料吸引幼儿的注意力，又让幼儿的生活常态与幼儿的游戏活动贯穿于整个主题教育过程，激发幼儿的兴趣与参与感知操作的学习愿望，体现生活即教育的理念，让幼儿在体验游戏带来的快乐的同时，也获得了发展。

（3）对于生活区材料的投放要遵循由易到难、由简到繁的原则。了解幼儿在不同阶段的发展特点，夹豆子游戏从用木筷子夹蚕豆到用铁筷子夹黄豆，一步步逐渐提升幼儿使用筷子的技能。同时在筷子与豆子投入使用的过程中，教师要注重安全性，与幼儿一起讨论安全使用的方法。

（二）包粽子

观察实录：

博文近几天对生活区包粽子游戏非常感兴趣。在开始的时候，佳妮和博文没有想要合作，但是包粽子存在一定的难度，于是两人开始合作包粽子。在活动中，博文与佳妮相互合作。博文提出想要包三角形的粽子，于是他双手弯曲，学着教师的样子，将粽叶用三角形的动作要领折角，然后开始放糯米、红枣。

经过佳妮的检查，佳妮说："博文粽子里面的糯米和红枣有点多了，需要拿出来一些，不然粽子会包不紧，容易散开。"在材料馅的选择上，佳妮也会帮着挑选合适大小的馅，调整糯米和馅的比例。两个幼儿慢慢地尝试。

包粽子

分析：

（1）《指南》指出，幼儿的学习是以直接经验为基础，在游戏与日常生活中进行的。教师结合端午节的活动，将相关的粽叶、糯米等物品投放在生活区。对于实物，幼儿往往是没有抵抗力的，所以博文与佳妮很快就投入游戏中。在游戏中，幼儿使用教师曾经教过的方法，尝试包裹粽子，在这一过程中，幼儿手部精细动作得到了进一步发展，手部动作的灵活性与协调性也得到了进一步提高。但是幼儿在尝试的过程中，也会发现一些问题，这时候两个幼儿开始进行了一定的探索。

（2）《指南》指出，大班幼儿应该能用一定的方法验证自己的猜想。因此当幼儿发现粽子包不上的时候，两个幼儿开始不停地挑选合适比例的馅，不停地去验证，然后配合手部动作不停地进行探索，这一过程中幼儿各方面的能力得到了更加全面的发展。

指导策略：

（1）《纲要》指出，幼儿园应为幼儿提供健康、丰富的生活和活动环境，满足幼儿多方面发展的需求。在包粽子游戏中，幼儿不断尝试探索如何才能够把粽子包成功。教师可以为幼儿提供不同的馅料或者粽叶让幼儿进行相应的探索，进一步发展幼儿的手部精细动作。

（2）在幼儿遇到困难时，教师要学会尊重和满足幼儿不断增长的独立要求，避免包办、代替行为。在适宜点进行介入，引导幼儿进行自主探索。在关键点给予帮助，以免幼儿因为四处碰壁而丧失兴趣。

第六章 观察为基 有效互动

——生活区活动实施与指导

本章简介

本章对生活区活动实施与指导进行概括与总结，根据各年龄段幼儿的发展水平总结出在生活区活动实施与指导过程中需要遵守的原则、流程和要求。在指导幼儿活动时，从计划环节、活动环节、整理环节、评价环节提出指导策略，同时针对不同年龄段幼儿提出不同的指导策略。

思维导图

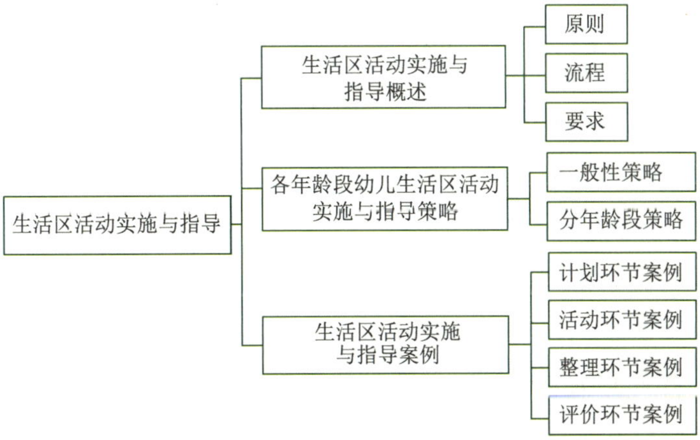

第一节 生活区活动实施与指导概述

《指南》指出，要引发幼儿多方位、多渠道地与环境、材料、工具互动，进行各种生活活动、动手操作和实践练习，在做做玩玩中感受生活的丰富多彩、体验生活的乐趣，从而促进幼儿逐步成为一个热爱生活、有基本生活能力和良好生活习惯的人。要在生活区实现这些目标，活动实施与指导就显得格外重要。

一、生活区活动实施与指导的原则

（一）生活区活动实施原则

1. 主题原则

生活区活动主题既可以根据当前的主题活动得出，也可以由教师组织幼儿进行讨论得出。教师将幼儿的想法以图文并茂的形式做好汇总、统计和存档，师幼讨论结束后，由幼儿投票得出最终结果。主题确定之后由教师、幼儿、家长共同收集相关材料。

2. 自主原则

生活区由教师投放材料，幼儿根据主题自主选择材料进行游戏。教师将材料的操作步骤以图片形式呈现，幼儿在操作过程中借助步骤图进行直观学习，在掌握方法后进行自主制作，增强了幼儿的动手能力和学习主动性。步骤图上显示的具体操作步骤不是固定不变的，会根据幼儿不同阶段的能力水平来确定相应的操作步骤。

（二）生活区活动指导原则

1. 观察原则

首先，教师要观察幼儿是否都按自己的选择进了相应的区域，幼儿是否根据自己的兴趣进行材料的选择，幼儿之间有没有发生纠纷等。其次，在幼儿活动中，教师要关注幼儿玩什么、说什么、有什么发现。观察是重要的指导方法，教师的旁观可以给幼儿更多独立思考的空间。

此外，区域活动内容面广，幼儿不是每时每刻都要进行操作活动，有时也有观望的需要，观望也是一种学习。教师不必迫不及待地催促幼儿进行操作，可以先静静地观察，了解幼儿的当前需要，接纳幼儿的观望，分析观望背后的原因，再给予针对性的指导。如果观望中幼儿无所事事或逃避困难，教师需要鼓励幼儿去参与活动；如果观望中幼儿在思考或观察，教师也可适当给幼儿一定的时间，等幼儿有了一定的意愿和信心时再参与活动。

2. 共同原则

小班幼儿活动时，需要教师更多的陪伴。良好的心理氛围能激发幼儿参与的动机，教师的陪伴可以给幼儿安全感，同时也可以给幼儿提供活动的支持。在教师的带动、影响下，中班幼儿通过观察教师的操作，降低了对材料的抵触，学会了接纳、尝试摆弄、探究材料，活动的兴趣也大大提升。对于大班幼儿，教师应更多成为幼儿活动的支持者和合作者。教师与幼儿共同活动可以鼓励幼儿大胆操作，表达自己的想法。

3. 对话原则

在活动中，教师通过聆听、询问、质疑、建议、鼓励等方式，了解幼儿的想法。教师通过询问、质疑引导幼儿深入思考，在幼儿需要帮助时给予适当的建议和鼓励，支持幼儿在活动中的发展。师幼对话要选择合适的时机，在幼儿需要时进行对话，不要让对话成为幼儿活动的干扰。当幼儿专心活动时，教师不要随意打断，这样不利于幼儿专注力的培养。教师要相信幼儿的能力，放手让幼儿玩。

二、生活区活动实施与指导的流程

本段以上午区域活动为例进行介绍。幼儿园小、中、大班的活动时间都是较充足的一个小时，活动流程一般分为五个步骤，选区—计划—操作—整理—反思。

第一，选区步骤，幼儿根据自己的兴趣、经验和需要，自主选择某一活动区进行活动。选区的形式主要有两种：挂牌和插牌。小班幼儿由于自我意识发展较弱，往往采用挂牌的形式。挂牌投放在各个区域中，幼儿在教师的帮助下进行活动，持续时间为 3—5 分钟。中、大班幼儿自我服务意识增强，能够自主选择想要玩的区域，选区的形式以插牌的形式进行。在班级中投放“今天我想玩什么”的选区牌，幼儿入园时进行区域活动的选择，持续时间为 1—3 分钟。

第二，计划步骤，在活动开始前，教师与幼儿共同讨论区域活动的内容，小班幼儿主要围绕“今天我想玩什么”主题进行活动。在教师引导下，师幼共同商讨口头计划，根据操作步骤图来进行。小班幼儿活动计划时间为 1—3 分钟。中班幼儿自我意识较小班幼儿有了进一步的发展，能够进行简单的计划，比如材料的准备、工具的准备，活动计划时间为 3—5 分钟。大班幼儿自我意识进一步发展，能够以书面的形式设计游戏内容与形式，比如怎么玩、需要什么工具、和谁一起玩等，活动计划时间为 5—8 分钟。

第三，操作步骤，这是区域活动的核心。生活区操作环节的持续时间是相对弹性的，可以根据幼儿对操作材料的兴趣程度和游戏氛围来确定，一般为 30—40 分钟。在操作活动中教师的主要任务是观察、记录、分析与引导。观察幼儿对材料的感兴趣程度，根据实际情况适当调整材料。观察生活区材料投放是否能满足幼儿的需求，是否能支持幼儿游戏。观察幼儿的游戏能力，根据幼儿能力的强弱，调整游戏材料的难易程度和支持策略，引导幼儿利用不同层次的材料进行游戏。观察幼儿在进行操作时是否遇到困难、无所事事等，及时介入，恰当引导。

第四，整理步骤，计划时间为 10 分钟左右。当收拾的音乐响起时，幼儿根据标识进行收拾整理。根据幼儿年龄特点、发展水平，制定相对应的整理要求。

第五，反思步骤，主要是游戏结束时，师幼共同围绕此次游戏进行活动评价，可以让幼儿分享自己在游戏中发生的事情、遇到的问题及解决的方法等，还可以让幼儿借助游戏的照片、视频、作品等进行分享讨论。小班主要是以教师评价为主，引导幼儿进行评价。中、大班主要是以幼儿评价为主，在每次的区域活动中，教师应该及时地给予针对性评价，这是提升幼儿经验的重要环节。可以运用展现作品、分享成果、体验成功的讲评方法，把幼儿在活动中生成的作品展示给大家欣赏，幼儿通过自我介绍，将制作的方法、过程告诉大家，体现生活化，激励每个幼儿都来尝试。评价计划时间为 5—10 分钟。

在这样的规划下，各步骤的时间划分相对灵活，如收拾整理步骤，教师可以提前几分钟开始，也可以根据情况适当延长。同时也要考虑区域材料的特点，保证有充足的清洗时间、确保卫生等。

三、生活区活动实施与指导的要求

（一）投放适宜材料，保持区域吸引力

生活区是提供各种与生活有关的材料供幼儿进行操作练习的区域，凡是能够锻炼幼儿的动手能力和生活自理能力的活动都可以放在这个区域，活动的开展及教师的指导也应围绕适宜的材料展开。

中班的幼儿要学会使用筷子，教师可以在生活区为幼儿投放“夹夹乐”游戏材料，让幼儿看着提示板拿筷子练习夹不同种类的豆子，也可以将材料进一步调整，提供不同种类的筷子和豆类，让幼儿使用筷子夹豆子时更具挑战性。

（二）注重个体差异，满足幼儿不同需求

对于动手能力、生活自理能力相对较弱的幼儿，生活区活动是他们难得的能进行充分锻炼和学习的好机会，对他们的手眼协调能力、手部肌肉发展及秩序感和专注力的培养等都有充足的价值。教师要思考开展的游戏活动如何促进幼儿的发展，如何满足不同层次幼儿的发展需求。在此基础上，再思考如何选材、如何投放材料、

如何指导。

（三）善于观察活动，评价具有针对性

观察是教师把握活动的基础，也是实现精准指导的基础。教师只有把自己的角色定位成观察者、参与者和引导者，才能充分调动幼儿的思维和智慧。观察的内容：幼儿当前的兴趣有哪些；幼儿这么做的原因；幼儿在活动过程中有什么困难；每个幼儿的认知水平、情感态度特点和个性差异等。教师也应该尊重幼儿的想法和做法，理解幼儿不同行为的合理性，营造一个宽松、自由、安全的游戏环境。

当幼儿在活动中遇到困难需要帮助时，教师应当适时介入，对幼儿进行指导时要留有余地，不要直接把答案告诉幼儿，尽量让幼儿自己去学习、去探索、去发现。最后教师要作为一个共同参与者，与幼儿共同商讨对策，鼓励、引导幼儿自己想出解决的办法。在这个过程中教师应该做到细致观察、用心记录、深入分析、寻找原因、切实指导、助力提高。

第二节　各年龄段幼儿生活区活动实施与指导策略

一、生活区活动实施与指导的一般性策略

生活区活动环节主要分为活动前、活动中、活动后三部分。在实施与指导的策略上也将从这三方面进行阐述。

（一）活动前策略

1. 有的放矢，根据主题和幼儿的兴趣爱好和发展需要投放材料

材料是教育的物质载体，它本身的特性及由这些特性所规定的活动方式往往决定着幼儿可能获得什么样的学习经验。都说丰富有趣的游戏材料能激发幼儿的游戏兴趣，那在游戏柜中摆放琳琅满目的游戏材料是否真的能有效激发幼儿进行游戏的兴趣呢？其实不然。因此，教师需要选择性地投放游戏材料，可以根据课程计划中实施主题的需要投放相关的游戏材料，如在“国庆节”主题中投放糖画的游戏材料，在“冬爷爷的礼物”这一主题中投放“暖暖茶”系列的材料，在“我长大了”这一主题中投放小衣服、小裤子等生活材料。教师也可以根据近阶段班级中师幼共同关注的话题或者幼儿的兴趣爱好及发展需要投放相关的材料，如：春季是传染病高发季节，可以在生活区制作腌大蒜。教师试图投放有针对性的、幼儿一目了然的

游戏材料，让游戏材料发挥真正的教育价值，让幼儿在操作中提高生活技能及自理能力。

2. 明确方向，引导幼儿知晓游戏任务，鼓励幼儿尝试游戏内容

在日常教学中，有这样一种现象：幼儿来到区域中，一会玩这个材料，一会又玩那个材料，但对每种游戏材料操作的时间都不长。很明显在自然状态下很多幼儿的游戏目的不明确，使幼儿在游戏中出现了“蜻蜓点水”的现象，这时就需要教师引导。在活动前，教师可以和幼儿进行一个简单有趣的开场，可以是情境式的，也可以是谈话式、讨论式的，简单有趣的导入可以让幼儿清楚地知道自己要干什么，明确游戏任务。针对中、大班的幼儿，教师可以鼓励幼儿根据自己的需要制定游戏内容的计划。比如中班幼儿在制作暖暖茶时，教师提供一张简单的食材表，幼儿在表格中画上需要的食材及数量，如需要红枣几颗、桂圆几粒、红糖几勺、水几杯等。食材表将幼儿的游戏任务更加细化，使幼儿对游戏内容更加了解。

（二）活动中策略

1. 有效指导，唤起幼儿的生活体验

区域活动中，幼儿在自主操作与独立探究之余，常常需要教师对幼儿进行“画龙点睛”式的指导。当然，教师在进行指导时，需要根据幼儿的年龄差异、能力发展水平采用不同的指导策略。不管教师选择哪种指导策略，都是基于对幼儿的观察和分析的。所以在区域活动中，最重要的也最首要的事情，便是教师的观察。不是大张旗鼓地观察，而是以不打扰幼儿活动为前提的默默观察。

2. 默默观察，记录幼儿的游戏行为

教师的默默观察可分为以下两种。

一种是常规观察，常规观察是每位教师在日常工作中所做的观察，通过拍照、录视频、记便签等方式记录幼儿游戏中的重要信息，结合《指南》进行分析，从而改进游戏。以下是幼儿行为常规观察记录表（表 6-2-1）。

表 6-2-1 幼儿行为常规观察记录表

观察项目	内容
观察时间	
观察地点	
观察对象	
观察者	
观察目标	

续表

观察项目	内容
观察背景	
观察描述	
分析与思考	
回应	

另一种是量表观察。量表观察是一种确定观察要点，在收集客观数据的基础上科学分析数据，从而改善教师指导策略的观察方法。这种观察方法的优点是有理有据，客观清晰。注意该方法得到的数据仅供教师用于改善指导策略的参考，不作为对幼儿进行横向比较的依据。以下是小、中、大班幼儿行为量表观察记录表。（表 6-2-2、表 6-2-3、表 6-2-4）

表 6-2-2 小班幼儿行为量表观察记录表

<table>
<tr><th colspan="2">观察要点</th><th>参考最高分值</th><th colspan="2">评价实际分值</th></tr>
<tr><td colspan="2">（1）能在教师引导下选择生活区材料</td><td>10 分</td><td colspan="2"></td></tr>
<tr><td colspan="2">（2）能与同伴友好相处</td><td>10 分</td><td colspan="2"></td></tr>
<tr><td colspan="2">（3）需要时能接受教师的帮助</td><td>10 分</td><td colspan="2"></td></tr>
<tr><td colspan="2">（4）能在教师引导下专注完成生活区材料探索</td><td>15 分</td><td colspan="2"></td></tr>
<tr><td colspan="2">（5）能在教师鼓励下克服困难完成材料探索</td><td>15 分</td><td colspan="2"></td></tr>
<tr><td colspan="2">（6）能在教师引导下有始有终地完成生活区材料探索</td><td>15 分</td><td colspan="2"></td></tr>
<tr><td colspan="2">（7）了解基本生活技能的用途</td><td>10 分</td><td colspan="2"></td></tr>
<tr><td colspan="2">（8）能收获相关生活知识与经验</td><td>15 分</td><td colspan="2"></td></tr>
<tr><td>总分</td><td colspan="4"></td></tr>
<tr><td>等级水平</td><td>优秀
（85—100 分）</td><td>良好
（75—84 分）</td><td>合格
（60—74 分）</td><td>不合格
（60 分以下）</td></tr>
<tr><td>分析评价结果</td><td colspan="4"></td></tr>
</table>

表 6-2-3 中班幼儿行为量表观察记录表

观察要点	参考最高分值	评价实际分值	
(1) 能自主选择生活区材料	10 分		
(2) 能与同伴友好相处	10 分		
(3) 需要时能主动寻求教师的帮助	10 分		
(4) 能在材料引导下专注完成生活区材料探索	10 分		
(5) 能借助同伴、教师的力量克服困难完成材料探索	15 分		
(6) 能有条理地完成生活区材料探索	15 分		
(7) 能将生活经验运用于游戏中	15 分		
(8) 基本掌握中班生活区相关生活知识与经验	15 分		
总分			
等级水平	优秀（85—100 分）	良好（75—84 分）	合格（60—74 分）	不合格（60 分以下）
分析评价结果			

表 6-2-4 大班幼儿行为量表观察记录表

观察要点	参考最高分值	评价实际分值	
(1) 能根据自己的发展需要选择适宜的材料	10 分		
(2) 能自发与同伴合作探索生活区材料	10 分		
(3) 主动邀请同伴、教师合作探索生活区材料	5 分		
(4) 不受环境干扰，独立完成生活区材料探索	15 分		
(5) 能想办法克服困难完成材料探索	15 分		
(6) 主动探索并完成有多重任务、步骤复杂的生活区材料的操作	15 分		
(7) 能主动将生活知识进行归纳与迁移	15 分		
(8) 能熟练运用大班生活区知识与经验	15 分		
总分			
等级水平	优秀（85—100 分）	良好（75—84 分）	合格（60—74 分）	不合格（60 分以下）
分析评价结果			

3. 适时介入，促进幼儿游戏的开展

区域活动中的指导策略除了需要观察分析之外，还需要恰到好处的介入。这恰

到好处的介入非常考验教师的判断能力。那什么情况下需要教师介入呢？当幼儿反复操作没有进展时、当幼儿确实因其本身经验与能力受到局限时、当幼儿之间出现严重冲突时、当幼儿遇到困难或出现认知偏差时、当幼儿不遵守某些规则时，教师都可以适时地进行介入。教师介入的方法有很多，可以通过扮演游戏中的某一角色陪伴幼儿游戏，可以通过趣味问答给予幼儿提示，也可以通过示范给予幼儿引导……总之，介入应融合多种形式，灵活选用不同的方法，充分发挥幼儿游戏的自主性、创造性，有效提升幼儿游戏水平。

4. 逐层展开，引发幼儿参与的兴趣

在生活区，教师围绕幼儿生活习惯和生活能力，依照幼儿心理逻辑顺序展开活动。保护牙齿游戏，可以开展“你好，牙齿”（认识牙齿，了解牙齿的名称和部位）、“龋齿的形成”（知道保护牙齿的重要性）、“如何漱口”“怎样刷牙”“牙齿加油站”（牙齿健康生长所需要的营养）、“我的牙掉了”（了解和正确对待换牙现象）等一系列活动。通过一系列活动的开展，帮助幼儿养成每天用正确的方法刷牙的习惯，掌握保护牙齿、预防龋齿的方法，初步形成关注牙齿健康的意识，养成保护牙齿的好习惯。

（三）活动后策略

1. 合作整理，提高幼儿劳动能力

生活区的整理环节和其他区域有所不同，除了要将游戏材料按类别放回相应的整理盒外，烹饪区的工具、器皿还需要清洗、擦拭，食材也需要检查和储存等。因此，在游戏结束前 5 分钟，教师会播放音乐提醒幼儿进入游戏尾声。幼儿可以根据图识、参照流程图，与小伙伴分工合作整理，如有人参照洗碗步骤洗碗，有人擦拭桌面，有人商量剩余的食品该如何处理……教师可以通过照片的形式与幼儿分享收拾整理后的区角，用赞赏的口吻肯定幼儿。通过比较整理前和整理后的区角，让幼儿亲眼看到明显的变化，建立成就感，树立自信心，培养幼儿从小爱劳动的意识，从而发展劳动技能。

2. 分享交流，展示幼儿游戏经验

分享交流作为区域活动的一个重要组成部分，有着一定的作用和意义。High Scope（高宽）活动课程的实施就包括分享交流环节（回忆环节）。通过回忆他们做过的事，幼儿能看到他们的计划和活动之间的联系，能对他们自己的行为和思想有更清楚的认识。回忆给幼儿提供了分享和学习别人经验的机会。幼儿通过分享回顾交流，将所获得的知识经验吸收内化，并将知识经验迁移运用到新的探索活动中去。

3. 多元评价，提升区域活动质量

随着课程游戏的推进，区域活动“重过程、轻讲评”的现象慢慢得到改善。教师越来越认识到区域活动后的评价能有效推动区域活动的开展。以往，教师常常会与幼儿交流区域活动的情况，但是评价往往以教师的评价为主。有的教师会有意识地让幼儿互相评价，但由于缺乏幼儿互评的正确方法，往往会将评价的现场演变成“打报告”现场。幼儿作为独立的个体，有着一定的评价能力，幼儿可以对自我的行为做出客观的评价。幼儿的自我评价，不仅可以帮助教师多角度地了解幼儿，也可以帮助幼儿更好地认识自己。

此外，教师专业、系统的评价也不能忽视。首先，教师应关注每个幼儿的优势与个性，肯定每个幼儿的游戏行为。其次，对于幼儿的自我评价，教师须总结提升，以点带面，共同提高。最后，教师要及时梳理观察记录，科学分析，调整改进指导策略。总之，教师应选择丰富恰当的评价方式，关注幼儿的个体成长，梳理幼儿的发展轨迹，重视幼儿的行为分析，注重幼儿的全面发展，让评价成为幼儿发展的动力，从而优化生活区活动质量。

二、生活区活动实施与指导的分年龄段策略

（一）小班策略

1. 小班幼儿特点

小班幼儿喜欢模仿成人生活，愿意参与生活自理活动，喜欢品尝自己制作的食物，但在操作过程中注意力时间较短，手眼不协调，容易放弃。此外小班幼儿还有以下特点。

（1）目的性不强

小班幼儿在游戏中只会无计划地摆弄材料，只有在他人的提问下才会注意自己的操作材料，并开始思考“这是什么”。帕顿按照学前儿童社会性发展对游戏进行分类，小班幼儿大多处于无所事事、旁观或者独立游戏的状态。后期小班幼儿在成人的指导和示范下，游戏逐渐有了主题，但主题很不稳定。

（2）兴趣不稳定

小班幼儿年龄为3—4岁，这个阶段的幼儿自控能力较差，容易转移兴趣。每个幼儿都是独立的、有思想意识的个体，对于相同的事物会表现出不同的反应。如果教师提供的游戏材料是幼儿感兴趣的，幼儿在游戏时就表现得积极、主动，认真地投入游戏，否则就会表现得漫不经心。

（3）持续时间短

小班幼儿对游戏产生的兴趣持续时间比较短。在游戏前，教师会按计划提供相

关游戏材料，幼儿会积极地投入游戏中，尝试不同的玩法，充分感受游戏给他们带来的快乐。但是这种积极的状态一般只有10—15分钟，过了这段时间，他们就会失去兴趣，即使教师再组织，效果也不佳。

（4）重内容，轻规则

不管是哪种游戏，小班幼儿都会按自己的意愿进行游戏，而对于游戏过程中应当遵守的规则，幼儿时而遵守，时而不遵守。

2. 小班生活区特点

小班幼儿角色意识较强，好模仿。生活区遵循幼儿模仿这一天性，以游戏的形式培养幼儿自理能力是符合幼儿的现实需要的。那怎么样使幼儿喜欢参加这样的游戏呢？在和幼儿交流中，教师会发现，“家”对于小班幼儿来说是向往的地方，“家”渗透了幼儿生活的方方面面，小班幼儿的角色意识又强，结合这个教育契机，教师可以将生活区与角色区合并，展开生活区的游戏。

3. 小班幼儿活动实施与指导策略

（1）计划环节的指导策略

小班幼儿的思维主要是直觉行动思维，他们的行动就是思维本身。他们的思维呈现的是先做后想的特点，他们一般不会想好了再做，而是做了再想；而且他们玩的游戏多是平行游戏，很少有合作游戏。如果要求小班幼儿在游戏前做一份详细的计划（在哪里玩、玩什么、和谁一起玩）可能很困难。因此，教师可采用口头交流的形式，问问幼儿“你今天想玩什么呀”，或者让幼儿自己画一画今天想玩的内容。如果幼儿在游戏过程中玩的内容与计划的内容不一样，也是很正常的。

（2）活动环节的指导策略

a. 在游戏情境中加以引导。

小班幼儿年龄小，喜欢在一定的情境中进行游戏，他们的活动往往伴随着各种假想的心理和行为，会把自己在区域中的活动想象为现实情景中的活动，模仿成人的言行进行游戏，游戏与生活情境不能分开。教师应该理解幼儿的这一特点，并善于运用这一特点进行引导，让区域活动游戏化、情境化。

例如，在小班生活区“娃娃家”内，圆圆抱着娃娃自言自语：“别哭，别哭，妈妈帮你洗澡。”接着她把玩具全倒在地板上，用装玩具的筐当澡盆给娃娃洗澡。不一会，她又找了一个小锅，跑到墙边，撕下一大块墙饰上的皱纹纸，将皱纹纸撕成一堆碎片装在锅里，抱起娃娃说：“开饭了，妈妈喂你吃饭。”在案例中，幼儿沉迷于自己假想的当妈妈的情境之中，教师首先应在娃娃家中增投各种炊具和餐具，为幼儿的游戏提供条件，然后顺应幼儿的游戏需要，以“娃娃饿了”的游戏情境引导幼儿正确使用汤匙喂娃娃吃饭，并以“娃娃洗澡久了会冷，要赶紧帮娃娃穿衣服”的游戏情境，让幼儿在游戏情境中学习穿衣、扣纽扣等动作。

b. 以趣味性语言进行指导。

小班幼儿年龄小，理解语义的能力差，生动形象、富有趣味的指导语言是必不可少的。在活动中，教师可以用生动形象的、富有趣味的语言去顺应幼儿的游戏需要，因势利导。如上述案例中教师用“娃娃饿了”“娃娃洗澡久了会冷，要赶紧帮娃娃穿衣服”等直观的语言回应幼儿游戏。

（3）整理环节的指导策略

在活动即将结束前，教师可以放一段舒缓动听的音乐，让幼儿有心理准备，知道活动快要结束了，自主调节自己的活动，让材料的整理更加从容有序。

对于还处于直观行动思维时期的小班幼儿来说，实物标识的运用是最适合的。幼儿对照实物收拾整理材料，这既能够吸引幼儿主动学习，又能够促进幼儿纪律性和责任感的发展。

教师可以运用拟人化的情境、儿童化的语言，帮助幼儿理解并接受，逐步养成良好的收拾整理的习惯。如把“玩具宝宝送回家”是提醒幼儿将物品放回原处，将同一类玩具放在一起可以说成“好朋友在一起真开心”等。

（4）评价环节的指导策略

小班幼儿多处于独立游戏阶段，坚持性和纪律性较弱。教师在讲评时宜抓住幼儿的兴趣点，重在引导幼儿养成良好的习惯，并关注师幼间的情感互动，促使幼儿将区域活动和活动主题联系起来。

小班幼儿由于思维的具体形象性特点，他们分析概括的能力相对比较弱，语言表达能力也有限，在评价过程中，需要教师更多地进行引领。

（二）中班策略

1. 中班幼儿特点

中班幼儿手部动作的发展水平已经达到一定程度，能够做一些比较精细的动作。幼儿手眼协调能力也有一定的发展，手指变得灵活起来，但仍然不够成熟。此外中班幼儿还有以下特点。

（1）游戏水平较大提高，需要不断拓展游戏空间

中班幼儿非常喜欢象征性游戏。在选择中班的游戏形式时，要考虑提供促进幼儿不断发展的材料，注重发挥活动区的作用。

（2）自主性与主动性进一步发展，需要宽松、安全的探索环境

中班幼儿活动的自主性和主动性有了进一步的发展，他们能够提出自己的活动想法，有主动参与的热情与能力，能努力完成自己选择的活动。活动的自主性在游戏及其他活动中都能明显地表现出来。

(3) 同伴交往的需求与能力进一步发展，需要良好的社会性发展氛围

中班幼儿游戏能力与水平都有所发展，与同伴的合作性游戏也逐步发展起来。他们已不再满足于自己玩，而开始喜欢找同伴一起玩。中班幼儿有着强烈的交往需求，这种需求在自主游戏活动中得以实现。

2. 中班生活区特点

随着幼儿经验的增长，中班生活区的活动内容也越来越丰富，主要包括生活技能和制作美食两大类活动。生活技能类活动包括抓、倒、舀、穿、扣等操作的锻炼；制作美食类活动包括榨果汁、制作暖暖茶及简单的烹饪活动。中班生活区的材料真实，来源于生活，可供幼儿操作。相比于小班生活区，中班生活区材料添加了一些儿童用的餐具，让幼儿有更多的生活体验。

3. 中班幼儿活动实施与指导策略

(1) 计划环节的指导策略

中班幼儿已初步具备制订游戏计划的能力，能用言语表达和用图画表征计划。通过制订计划，幼儿参与游戏的主动性和积极性提高，且会依据计划调整自己的游戏活动。

中班幼儿的心理发展逐渐由无意识向有意识发展，所以很多4—5岁幼儿都是边做边想。在做游戏计划的过程中，教师可以和幼儿一起计划大概的游戏内容，如今天你想玩什么游戏呢？你想到哪儿玩？你想和谁一起玩呢？你需要哪些材料……但值得注意的是，在做游戏计划的过程中，教师很难要求幼儿计划详细的游戏过程，因为游戏情节和内容在幼儿的游戏过程中会随兴趣的发展而发生变化，比如当幼儿在玩夹毛球游戏时，他们很可能用所夹的毛球去玩角色游戏。

(2) 活动环节的指导策略

a. 以问答抛接对话等启发性语言引导。

中班幼儿有了一定的社会经验、交往意识，理解语意的能力逐渐增强，指导上就需要带有启发性、建议性。师幼通过问答式对话，逐渐形成理解、沟通、互信、尊重、融合、互惠的关系，促进信息的传递、思想的互启、情感的激发及智慧的提升，进而达到师幼共同成长的目的。在与幼儿交流的过程中教师的提问要尽可能让幼儿有思考和回答的余地，尽量减少只有“是”和“否”两个答案的提问。

b. 引导幼儿进行同伴互动合作。

中班幼儿游戏能力与水平都有所发展，与同伴进行合作性游戏的能力也逐步发展起来。教师应合理指导幼儿与同伴互动，或者通过利用幼儿的同伴关系来引导游戏的开展。

c. 让幼儿主动参与游戏，主动探索学习。

教师应尊重幼儿的意愿，激发幼儿探索的愿望，培养幼儿的自主性和创造性。幼儿可自由选择“我想玩什么、和谁一起玩、怎么玩、玩到什么程度”，自主决定游戏的材料、方式、内容及玩伴，按自己的方式和意愿进行游戏，这样才能真正解放幼儿的手脚和头脑，让幼儿成为游戏真正的主人。

(3) 整理环节的指导策略

教师在活动即将结束前放音乐，通过音乐让幼儿调整自己的活动。中班幼儿根据规则整理材料，根据标识将材料放到对应的柜子中。在每一次活动中，可以请幼儿轮流担任管理员，成为区角的小主人，从自身感受出发提醒与监督同伴收拾整理，以此来培养幼儿的责任感及交往能力。幼儿之间的相互监督能让他们的规则意识日益增强，及时准确的评价则更能使幼儿保持良好习惯。

(4) 评价环节的指导策略

中班幼儿能合作开展游戏，但解决问题的能力仍较弱。教师在讲评时宜多就幼儿的作品及幼儿在活动过程中与他人的合作进行引导，同时要关注幼儿在活动过程中遇到的困难。

中班幼儿的自我意识水平相比小班幼儿提高许多。在评价的过程中，幼儿可以成为评价的主体，在教师的引导下，进行自评。

(三) 大班策略

1. 大班幼儿特点

大班幼儿喜欢尝试新鲜事物，喜欢挑战没有做过的事情。大班幼儿的自主意识增强，思考、分析问题的能力也进一步发展，能够清晰、直接地表述自己的活动感受。在活动中，大班幼儿之间经常会形成合作学习小组，幼儿通过合作互助，相互鼓励，相互传递与补充操作经验和生活经验，不断激发探究、尝试的兴趣，共同提高解决问题的能力。此外大班幼儿还有以下特点。

(1) 自我评价能力逐步提升

5 岁以后，幼儿的个性特征有了较明显的表现，其中最突出的是幼儿自我意识的发展。这一时期，幼儿自我意识的发展主要体现在自我评价能力的发展。幼儿在评价自己时，不再轻信成人评价，当成人评价与幼儿自我评价不一致时，他们会提出申辩。同时，幼儿可以从多个角度进行自我评价。

(2) 规则意识逐步形成

大班幼儿的规则意识逐步形成，他们开始学会控制自己的行为，遵守集体的共同规则。对在活动中违背规则的行为，大班幼儿常常会“群起而攻之”。但这一时期的幼儿对于规则的认识还没有达到自律，规则对幼儿来说还是外在的，因此幼儿在规则的实践方面仍会表现出以自我为中心的倾向。

（3）控制能力明显增强

大班幼儿手部肌肉快速发展，能自如地控制手腕，运用手指活动。大班幼儿会灵活地使用木工工具，能够熟练地使用筷子。

2. 大班生活区特点

大班生活区的内容更加丰富多样，不仅包括自我服务和烹饪活动，还包括穿、编、绣等较复杂的手工制作活动。大班生活区相对于中班生活区更注重幼儿的操作性，增强挑战性与科学性，注重培养幼儿的动手能力。

3. 大班幼儿活动实施与指导策略

（1）计划环节的指导策略

大部分5—6岁幼儿可以做到先计划后游戏，而且计划的内容、细节和过程也越来越详细。教师可以引导幼儿与同伴合作，制订游戏计划，提升幼儿的合作意识，增强游戏中与同伴互动的能力。幼儿有能力与兴趣相投的同伴协商游戏内容、分配角色，进行接下来的游戏行为，避免游戏计划流于形式。

大班幼儿也可以轮流制订计划，给能力弱的幼儿以领导和表征的机会。招募游戏伙伴，向幼儿介绍自己的计划，进行游戏。

（2）活动环节的指导策略

a. 巧设竞赛机制。

大班幼儿的竞争意识加强，因此教师可以在区域巧设一些竞赛类游戏，不仅可以培养幼儿自主合作的能力，还可以潜移默化地培养幼儿良性竞争意识。此外，教师可以鼓励幼儿发挥想象，思考如何一物多玩或多人共同操作一种物品。

b. 团队互动合作。

大班幼儿合作意识加强，幼儿是活动的主体，幼儿间是合作伙伴关系，教师可以利用合作的形式促进幼儿间的相互学习，使其共同完成一项任务。活动中，幼儿常常表现出一定水平的团队精神，不仅学会相互协调，还能从伙伴那里学到不同的本领，得到不同的灵感。

c. 榜样间接辐射。

《纲要》的实施细则中明确指出，幼儿同伴群体是宝贵的教育资源，是幼儿成长环境的重要组成部分。这说明同伴群体对幼儿发展起着举足轻重的作用，在区域活动中教师可以采取榜样间接辐射的方式，进行模仿学习。

（3）整理环节的指导策略

大班幼儿已经具备一定的识字能力，教师可以在各个区角及橱柜上贴上图文并茂的标记，满足幼儿需要，让幼儿根据图文卡片来进行收拾整理。

图文标记的使用，让幼儿不仅在活动中很快就能找到所需材料，而且在活动结束后也能迅速将各种材料各归其位，整理材料的速度和效率有了明显的提高。

（4）评价环节的指导策略

大班幼儿的社会性、创造力和问题解决能力均有一定发展，逐渐能将区域活动和主题活动联系起来。教师在讲评时宜捕捉幼儿提问和回答中出现的教育契机，有针对性地培养幼儿的社会性、创造力和问题解决能力。

大班幼儿自我意识水平不断提高，开始关注同伴，并喜欢通过比较、讨论来解决问题。因此，幼儿可以成为评价过程中的小主人，在教师的引导下，展开自评或互评。

第三节　生活区活动实施与指导案例

一、计划环节案例

（一）小班案例

观察实录：

生活区内，歆歆拿着一根长有斑点的香蕉说："老师，这个香蕉坏了。"

教师说："坏了的香蕉我们就要扔掉了，你再检查看看有没有其他坏了的水果。"

歆歆和其他幼儿将水果筐内的水果一个一个拿出来，又发现了几个坏了的水果，歆歆将坏了的水果都拿出来扔进垃圾桶，这一动作引发了其他幼儿的围观，好好说："水果怎么坏了，我都还没有吃，好想吃。"

教师回应道："如果水果摆放时间长了就会坏掉，你们可以想想办法怎么及时品尝水果？"

晞晞说："这里有酸奶，我们可以试试做水果沙拉。"

教师说："那做水果沙拉需要哪些材料呢？我们可以先把材料准备好。"

歆歆说："酸奶还有水果。"歆歆边说边将酸奶和香蕉放到桌上。

教师说："那还需要什么其他的材料吗？我们要怎么处理水果呢？"

晞晞说："我知道，我们需要刀和菜板切水果，还需要盘子放水果。"说着也将材料放到操作的桌面上。

妍妍拿来放小厨师衣服的材料筐说：“我们还要戴口罩、手套，这样卫生，还有小厨师的帽子。”

教师说：“那你们知道水果沙拉要怎么做吗？”

乐乐说：“把干净的水果切好，再把酸奶倒进盘子里面拌一拌就好了。”

教师说：“那你们一起来试一试吧。”

水果、酸奶

工具

分析：

（1）小班幼儿的思维是直觉行动思维，他们的行动就是思维本身，小班幼儿很难在游戏前制订一个详细的计划，他们往往是做了再想。当歆歆拿起水果进行观察之后发现水果坏了，于是她开始思考应该怎么办。教师捕捉到了这一现象，立即采用口头交流的形式，引导幼儿思考游戏的计划与内容。

（2）品尝水果是幼儿感兴趣的内容，教师充分利用这一兴趣点，引导幼儿继续与水果进行互动，以品尝水果为日的，引导幼儿进一步开展其他的游戏活动，而不是因为水果坏了的现象而终止游戏探索。

指导策略：

（1）有的放矢，根据主题和幼儿兴趣选择所需要的游戏材料。通过投放一些新鲜的水果、酸奶等，引导幼儿在制作水果沙拉的过程中感受水果的特征，探索不同水果的处理方式，如：香蕉是剥皮切片、苹果是切块、橘子是剥皮剥瓣等。

（2）明确游戏的方向，引导幼儿了解不同游戏的过程和内容。可以通过制作展板或者将幼儿制作水果沙拉的照片装饰在生活区，引导幼儿了解制作水果沙拉需要的材料及游戏的过程，引发幼儿的模仿学习。

（3）充分观察，有效指导。在幼儿游戏时，教师要充分关注幼儿的需求，当幼儿遇到困难或者问题时，可以适时地介入，通过提问的方法，唤起幼儿的已有生活经验，帮助幼儿厘清思路，提供给幼儿需要的材料，引导幼儿探索。

（二）中班案例

观察实录：

集体活动中，幼儿陆陆续续搬着小板凳来到了教室中间，七嘴八舌地展开了讨论。平平拍拍旁边的琪琪说："你喝过暖暖茶吗？什么味道的呢？里面有什么呢？"琪琪低头思考了一下，回答道："我妈妈给我喝过一次！里面好像有枣子，甜甜的。"俊俊转过身去加入了讨论："那用什么做的呀？很难吗？"琪琪耸耸肩说："我忘记了，哈哈！"说完，幼儿们都大笑了起来。

这时，教师坐到前面，积极参与了幼儿的讨论，"谁来说一说，暖暖茶里需要什么东西呢？"平平高高地举起了手："应该有红枣，还有甜甜的糖！"教师给平平竖起了大拇指。"肯定要加水呀，还有锅。""煮茶要有火对不对？""我奶奶说，放点生姜对我们身体好。"幼儿争先恐后地分享着自己的想法。为了让幼儿更直观地了解制作步骤与材料，师幼共同观看了一个完整的制作暖暖茶的视频。

这一次，幼儿更加确定了自己的想法。教师提问："你们都看到了哪些食材呢？能用画画的方式展现出来吗？"幼儿大声回答道："能！"于是，幼儿立马搬着小板凳回到位置上，画出自己心中的食材、器具。教师指着添添的画说："这是什么材料呢？你可以告诉我吗？"添添笑着说："这是刚才视频里用来称重的小电子秤。旁边的是煮茶的锅！"教师鼓励道："你画得真棒！"一旁的山山举着自己的画说："老师你看我画的！有红糖，还有量的那个杯子，还有'电老虎'插座。"教师说："你画得很完整，这个杯子叫量杯哦！"

放学后，教师把自己画的作品都带回了家，积极从家中收集材料。

画电子秤

画量杯

分析：

（1）合理科学的游戏计划有利于幼儿在游戏中获得多方面的发展。一方面，教师能从游戏计划活动中掌握幼儿的现有认知经验，观察幼儿的情绪、兴趣等状态，从而调整下一步的游戏策略；另一方面，这有利于发展幼儿的主人翁意识，从发现问题、探索问题到最后自己准备材料解决问题，完整的过程有利于幼儿思维及自信心的发展。

（2）《指南》指出，4—5岁幼儿愿意与他人交谈，喜欢谈论自己感兴趣的话题。在一致通过制作暖暖茶的活动后，幼儿兴趣非常浓厚，在自由活动时间愿意谈论暖暖茶的话题并清楚地表达自己的想法与问题，如：暖暖茶里有什么呢？是什么味道的呢？幼儿在讨论中很好地发展了语言表达能力，加深了对暖暖茶活动的无意记忆，有利于教师有针对性地提升幼儿对活动准备的经验认知。

（3）幼儿在交流自己的想法时，思维跳跃，信息会比较杂乱，因此需要教师及时介入，并用“你觉得暖暖茶里需要什么材料呢”等问题引导话题，集中幼儿的注意力，拓展幼儿的思维。

（4）中班幼儿有较为丰富的思维力、想象力和生活经验，他们的手部肌肉动作逐渐发展。绘画的方式使幼儿能够感受并观察事物的基本特征，支持幼儿自发的表现与创造。幼儿在观看完视频后，对材料的特征有了基本的形象认知，因此教师可鼓励幼儿通过绘画记录活动中所需的材料，发展其艺术表现能力。

指导策略：

（1）教师要注重活动的时效。在幼儿对暖暖茶活动兴趣浓厚之际，教师要及时利用区域中现有材料，引导幼儿了解材料的特点与作用，鼓励幼儿说一说在制作暖暖茶活动中可以如何使用材料，帮助幼儿整理游戏计划阶段的经验，梳理材料清单。

（2）教师要成为幼儿活动的倾听者与引导者。幼儿在讨论暖暖茶需要的材料时，思维发散，也容易发生偏离。教师作为倾听者，要及时介入幼儿的谈话，将幼儿的注意力转移到主题中，可以提出“你觉得暖暖茶需要什么东西呢”等言语引导，激发幼儿的思考。

（3）提供直观的物质支持。中班幼儿的思维处于直观思维阶段，逻辑思维还不完善，因此需要让幼儿直观地观察暖暖茶制作活动步骤。活动中，教师提供视频，让幼儿更加清楚地了解制作步骤，通过视觉的直观感受，有意识地引导幼儿感受各种材料的作用。

（4）发挥幼儿的主观能动性。动手操作有利于加深幼儿对事物的无意记忆，教师可以开展关于暖暖茶物质准备的绘画活动，支持幼儿的表达，从幼儿的绘画作品中了解幼儿的现有经验，从而进行有针对性的策略指导。

（三）大班案例

观察实录一：

菡菡拿起编织好的纸杯看了一会儿，赞叹道："这是谁编的，好漂亮啊，我也想玩。但是这个怎么编呀？"接着她认真地观察了一下没有编完毛线的纸杯，只见她小心翼翼在纸杯上"一上一下"地把毛线绕上去。不一会儿她就把纸杯全都绕上了漂亮的毛线，高兴地说着："老师，你看，我成功啦！"教师看了看说："哇，你真聪明，你是怎么做到的呀？"菡菡一边指着自己的作品，一边分享着自己成功的经验："我按照原来编好的样子，继续绕圈。"教师说："材料柜里还有一些纸杯，你可以剪一剪，自己再编一个新的花篮。"接着菡菡便选择新的游戏材料，有目的地开始新一轮编花篮活动。

编花蓝

观察实录二：

凡凡和洛洛来到了生活区，选择了编织花篮的游戏，两人讨论着想要编织的花篮，凡凡说："洛洛，我打算用黄色纸杯。"洛洛说："那我用红色的。"凡凡又说："我们还需要一些材料、工具。"说完，两人一起挑选了活动的准备材料，有毛线、剪刀、纸杯、勾线笔、白纸。接着凡凡和洛洛拿着白纸计划着编织的步骤，凡凡提议："洛洛，我们可以把编织的步骤画出来。"洛洛回答："好呀。"说完两人便将自己的操作流程画了下来：① 用剪刀剪；② 将纸杯剪成花朵状；③ 拿出毛线；④ 将毛线绕在纸杯上。凡凡和洛洛各拿着一个纸杯根据计划流程进行裁剪，凡凡剪完后将毛线的一端通过打结固定在纸杯上，然后从纸杯底端"一上一下"有规律地进行绕线活动，将纸杯绕成了花瓶状，最后进行收尾、打结。洛洛剪完纸杯后又对纸杯裁剪的粗细进行了调整，剪取了一段毛线，围绕在纸杯底端后，又剪了一段更长的毛线，再在纸杯上进行缠绕，然后将纸杯花打开，进行最后的编织绕线活动。

流程图

编花篮

分析：

观察实录一：菡菡在游戏前，对于编花篮游戏有着较大兴趣，但是菡菡在游戏中遇到了一些困难。刚开始游戏时菡菡还不太清楚编织的方法，说明菡菡在活动前对于游戏的计划环节缺乏一定的想法，但是在接下来的观察、尝试中，她找到解决问题的办法，逐渐推断出编织的方法。

观察实录二：在编花篮游戏中，凡凡和洛洛能够将自己的想法以简单的绘画方式记录下来，两人能够边想边进行游戏，主动将计划环节与材料结合，并且在与材料的互动中，自由、大胆地表达，能够让作品的呈现与游戏前的想法、设计形成对应，更具有游戏意识。

观察实录一与观察实录二的对比分析：大班幼儿能够通过数字、图画、符号等多种方式来表达自己的思想，所以在游戏计划环节中，幼儿可以采用游戏计划书的形式，预设游戏的过程及达到的效果，从而能够有目的、有计划地主动探索、操作，并在这一过程中逐步验证自己的计划。

指导策略：

（1）在游戏开始前，教师可以引导幼儿为自己的游戏定一个小小的设想或目标，激励着幼儿积极参与活动前的计划环节，让幼儿在制订活动计划时能够充满自信心。教师可以提前了解幼儿游戏的计划，从而为幼儿提供相应的材料。

（2）当幼儿在游戏中遇到问题或者需要同伴、教师帮助的时候，教师应引导幼儿主动与他人交流、合作，也可以让幼儿根据自己的计划表尝试自己解决问题，提高幼儿的自主意识。

（3）若幼儿的游戏计划书步骤较多，幼儿的思路不是很清晰，教师可以适当地介入，引导其他幼儿一同讨论，不断地完善计划书。教师也可以引导幼儿轮流制订游戏计划书，帮助幼儿调整计划书的内容，充分激发幼儿主动探索的兴趣，使得游戏能够顺利开展。

二、活动环节案例

（一）小班案例

观察实录：

朵朵在生活区进行包糖果的游戏。她拿了若干糖纸放在了桌上，又抓了一团棉花放在一张糖纸上，接着朵朵捏住糖纸的一边往另一边卷了起来，但是棉花太大，一直露在糖纸外面，卷了几次糖纸都没能成功包起来，朵朵皱着眉说："这个糖怎么包不起来？"

旁边的尧尧正在进行剥橘子的游戏，并没有理会朵朵。朵朵包了很久都没能把棉花成功塞进糖纸里卷起来。她皱着眉，手里的游戏也停了下来。于是教师问道："朵朵，你怎么皱着眉不动呀？"朵朵说："我包不起来。"接着教师鼓励尧尧帮助朵朵解决游戏中出现的问题。尧尧看到朵朵的游戏过程后对朵朵说："你的棉花太大了，把它撕小一些。"尧尧一边说一边帮朵朵将棉花撕成小团，把棉花放在糖纸的正中间，于是朵朵重新捏住糖纸的一角往里卷，这一次卷严实了，棉花变小后被完全包裹在糖纸里了。接着朵朵又捏住糖纸的两边顺着一个方向卷，糖果的两个"耳朵"也卷好了。朵朵笑着对尧尧说："谢谢你，你看，我包好一个糖果了。"就这样，一块糖、两块糖……朵朵成功包了5颗糖果。

包糖果

分析：

朵朵能根据自己的兴趣来选择包糖果游戏，并且能够坚持游戏。当她在游戏中遇到困难，糖纸包不上的时候朵朵没有放弃。教师也能及时发现问题，通过提问和同伴引导的方法帮助朵朵解决了游戏中出现的问题。在尧尧的帮助下，朵朵成功包好糖果，体会到了成功带来的快乐。她在包完一个糖果后并没有停下来，而是连续包了好几个，手部动作较协调，游戏过程中认真且专注。

指导策略：

（1）丰富游戏材料，使材料具有层次性和挑战性，促进不同水平幼儿的发展。可以提供不同尺寸的糖纸及不同材质的“糖块”供幼儿自由选择，水平较低的幼儿可以选择难度低一些的包糖果材料，水平较高的幼儿可以选择难度高一些的包糖果材料，通过游戏材料的层次性提高幼儿的游戏兴趣，促进幼儿的发展。

（2）及时关注游戏，适时进行引导。教师在游戏中及时注意到了幼儿游戏状态的改变，看到幼儿遇到困难时能适时加以指导，可以先通过直接提问了解幼儿的问题，接着可以通过亲切、有趣的语言帮助幼儿缓解紧张焦虑的情绪，也可以通过引导同伴介入或者教师以角色情境加入游戏的方法帮助幼儿解决游戏中出现的问题。

（3）加强教师指导，丰富游戏情境。在朵朵成功包好糖果后，教师应当及时关注到幼儿的状态，适时指导与提问，请朵朵观察自己包的糖果，说一说哪个包得好，哪个包得不是很好，哪里不好，引导幼儿思考自己的游戏行为，怎样可以将糖果包得又漂亮又紧，进一步帮助朵朵提高包、捏、卷的手部技能。教师也可以将幼儿包糖果的游戏材料投放到娃娃家使用，将生活区和娃娃家相连接，丰富幼儿的游戏情境，增加幼儿的游戏兴趣。

（二）中班案例

观察实录一：

教师在生活区投放了夹豆子走迷宫游戏的相关材料，有黄豆、筷子、迷宫板和记录本。游戏前幼儿之间进行了互动，“我可以数数豆子吗？这么多，我都不知道有多少个豆子。”“你用哪块板子？”幼儿选择好材料就开始游戏了。

游戏中幼儿能够根据不同的迷宫路线进行游戏。越越看到锯齿线迷宫中窄窄的地方说：“这里太小了。”她主动地调整筷子的角度。到后面越越越来越熟悉迷宫路线，通过迷宫的速度越来越快，但有时违反了规则。薇薇在游戏中遇到了困难，她

走迷宫 1

走迷宫 2

还不能很好地使用筷子，豆子总是会掉落下来。越越过来指导她使用筷子，薇薇小心翼翼地夹起豆子，成功了。这些材料对越越来说难度一般，越越玩了几回便觉得无聊离开了，薇薇则兴致勃勃继续玩着。

观察实录二：

教师对材料进行了调整，增加了工具（铁筷子、镊子、沙漏），增加了豆类（蚕豆、红豆、绿豆），同时新投放了难度不一的迷宫板，迷宫既有复杂的路线，也有简单的路线，并对迷宫路线的宽窄进行了设计。

游戏中幼儿自主选择材料进行游戏，越越选择了一块有难度的迷宫板，用铁筷子夹着绿豆进行迷宫游戏。迷宫路线进行到一半时，绿豆总是滑落下来，越越不甘心，又继续尝试，但还是失败了，越越逐渐丧失信心。浩浩把自己的夹子给了越越，越越用夹子夹绿豆成功了，她重拾了自信，与浩浩两人一起进行夹豆子比赛。两人又用其他的豆子尝试，发现虽然蚕豆体型大好夹，但是走迷宫时总是会不小心碰到迷宫板，成功的概率反而比较小。

走迷宫 3

游戏中两人交流有关夹豆子迷宫板的玩法，分享不同迷宫板使用的难易程度，并交换着玩。增加沙漏材料后，幼儿对于游戏有一定的时间观念，能够利用沙漏计时，在规定时间内进行夹豆子比赛，做好相关记录。

分析：

（1）投放材料应具有层次性、适宜性，满足不同幼儿的需要。在两次的游戏对比中教师发现材料层次性、适宜性的重要性。游戏难度过高、过低都会对幼儿玩游戏的兴趣、专注力产生影响。投放游戏材料时应注意与幼儿的发展水平相适应，既不能脱离幼儿的原有水平，也不能缺乏挑战性。即使是同一游戏内容，也应考虑材料投放的层次性，既满足一般水平幼儿的发展需要，又照顾到那些能力较强和较弱的幼儿的发展需要，使他们都能在区域游戏中探索与自己能力兴趣相适应的材料。

（2）增加材料的互动性，游戏趣味横生。投放沙漏、记录纸，幼儿在游戏中从关注自己转变为关注同伴，从无明确目的转变为有目的、有任务意识。在同伴的激励下，幼儿的积极性更加高涨，更加自主学习，巩固新技能，最后与同伴进行竞赛，数一数谁的豆子多，在游戏中增长自信。

指导策略：

教师要及时洞察幼儿在游戏中遇到的困难，仔细观察、了解幼儿当前的兴趣、需要，把握幼儿在认知水平、情感态度方面的个体差异，分析其最近发展区并据此设计区域游戏内容。材料投放后，教师要观察幼儿的使用情况，反思材料是否与幼儿的发展水平相适应，并及时对材料进行调整，只有这样才能充分发挥区域游戏材料的重要作用。

（三）大班案例

观察实录：

洛洛又继续选择了生活区，上次她在生活区进行系鞋带游戏，这次洛洛再玩系鞋带游戏时显然比上次有经验多了。拿到游戏材料后，洛洛开始进行尝试，先把鞋带的两头穿进去，然后再继续穿下去，可是在继续的过程中，由于教师提供的鞋带材料和鞋子本身的鞋带穿孔尺寸不适配，洛洛迟疑了，面对这样的难题，不知道如何去解决。

根据洛洛的表现，教师决定调整材料，使鞋带与鞋子更适配。调整过后，教师让洛洛继续挑战，洛洛自己也比较在意之前未完成的任务，所以洛洛很乐意继续尝试之前未完成的任务。洛洛拿到新鞋带后开始仔细观察，摆弄了几下，拿起鞋带两头开始尝试，游戏快结束时，洛洛终于将鞋带穿好，结束了游戏。

系鞋带

分析：

（1）《纲要》指出，要尊重幼儿的身心发展规律和学习特点，以游戏为基本活动。对于系鞋带等复杂游戏，大班幼儿可以开始进行尝试。幼儿在游戏过程中，由于目前还处于具体思维转向抽象逻辑思维阶段，不能很好地适应材料，因此教师要及时对材料进行更换，之后，教师让幼儿继续去尝试，让幼儿完整体验活动的过程。

（2）在游戏过程中，幼儿进行了一定的尝试，在尝试的过程中，幼儿对“穿”这一过程较为熟练，说明幼儿手部精细动作发展较好，但是系鞋带这个游戏，不仅仅是为了手部动作的发展，也是为了逻辑思维的发展。因此，在这一过程中，幼儿的逻辑思维发展还面临一定的困难，还需要教师的进一步介入，帮助幼儿的逻辑思维得到进一步提高，从而提升幼儿的手眼协调能力。

指导策略：

(1)《指南》指出，要尊重幼儿个体差异。幼儿的发展呈现出阶段性的特征。因此，教师要了解幼儿的发展水平，了解幼儿之间的差异。很显然在上述案例中，教师更换活动材料后再让幼儿尝试，遵循了幼儿的思维特点，进一步降低游戏难度，帮助幼儿完成挑战。

(2) 幼儿在遇到困难时，教师可以引导幼儿进行观察，参考周围幼儿带有鞋带的鞋子，或者让幼儿看看相应的视频，帮助幼儿找到适合其自身水平的一些方法，让幼儿从多方面、多领域完成挑战。

三、整理环节案例

（一）小班案例

观察实录：

区域活动开始了，溪溪打开放红糖的罐子，一边用勺子将红糖一勺一勺盛到量杯中，一边将量杯放在电子秤上。教师问溪溪："红糖多了还是少了，你看看是不是少了一些？"溪溪又用勺子加了几勺糖，抬头看了看教师，得到教师的眼神肯定后，停止加糖。她将糖罐子拧好，又去看同伴记录食物的数据，并将同伴剥下的果壳扔到垃圾桶。然后溪溪从架子上拿出锅去盥洗室加水，又拿下了插头。这时，溪溪突然想起来没有核桃。她从架子上取来了核桃给了同伴，自己则将旁边的垃圾桶中的垃圾倒进盥洗室的大垃圾桶里面。

教师帮助幼儿插好电源，提醒："电源插好了，你们要做什么了？"溪溪走过来调节锅上的开关。溪溪问："可以把食物放进去了吗？"得到教师的肯定后，溪溪将桂圆肉倒进锅内，便离开了。教师提醒道："锅要有人看着，否则可能会出现危险。"溪溪听完便回到原地一边看锅，一边剥着核桃，问教师可不可以加点芝麻。得到教师的肯定后，溪溪从移动架子上取来了芝麻，小心将封口打开，用勺子取出芝麻放入锅中。同伴让溪溪将核桃倒进锅中，溪溪倒完后站在旁边，观察同伴在做什么，接着和同伴一起剥核桃，与同伴说悄悄话。溪溪用铲子在锅中搅拌，同伴把她手里的铲子抢走，她站在旁边看着，又取来了

煮暖暖茶

锅盖子。又有一名同伴过来，两名幼儿开始争抢锅盖。

教师提醒道："收尾工作啦!"溪溪听到后马上去倒垃圾，回来后看着同伴用铲子在锅中搅拌。看了会儿，溪溪开始收拾桌面上的残渣，将打开的罐子一一关好，放到架子上。桌上摆放着几个盘子，她拿起一个盘子去盥洗室清洗，回来后又拿起一个盘子去清洗，来回走动，将桌面上的工具一一收回到架子上后，她脱下了帽子、围裙，放到可移动架子的一层，然后站到旁边看同伴盛出暖暖茶。"去把推车推过来吧。"教师说。溪溪与同伴一起将推车推到相应的地方，又将暖暖茶端给教师和同伴们。

分析:

(1) 幼儿能够边开展活动边进行整理，将剥下的桂圆壳、核桃壳扔到垃圾桶里，把食材罐盖及时盖上，并根据标识将食材放回原位。

(2) 收尾工作中，幼儿能够快速而细致地整理好物品，表现出注意力的稳定性。教师引导幼儿思考，在收拾盘子环节，洗完一个盘子再拿一个盘子来回走动的方法是否有需要改进之处，共同讨论如何快速方便地整理、清洗盘子。

(3) 幼儿准备食材耗时比较长，导致煮暖暖茶的时间非常短，对暖暖茶的制作流程也不是很熟悉，因此教师可以引导幼儿在游戏前提前进行分工，明确各自需要准备的材料，让幼儿更加自主。在游戏结束前 10 分钟，播放舒缓的音乐提醒幼儿游戏时间结束，开始整理收拾，使幼儿更加有序，能够合理分配时长。

指导策略:

(1) 肯定幼儿边准备食材边收拾的行为，食品制作需要一个干净、卫生的环境，要对幼儿的安全负责。

(2) 在幼儿熟悉整个操作流程后，教师可以放手让幼儿进行游戏。由于幼儿时间观念比较差，可以通过播放舒缓音乐的方式提示幼儿游戏进入尾声，要开始收拾整理，让幼儿知道要合理安排好各个流程。

(3) 让幼儿参与标识的制作，可以让幼儿根据材料绘画标识，并将数理逻辑的知识运用到标识制作中，方便幼儿进行游戏中的操作与游戏后的整理。

(二) 中班案例

观察实录:

幼儿在生活区进行各种游戏，游戏结束的音乐响起。轩轩正在进行串珠子的游戏，听到音乐后将手中的材料直接放进盒子，并就近将盒子放进柜子里后离开了。熙熙在生活区玩用筷子夹豆豆的游戏，听到音乐后将自己夹在一次性杯子里的各种豆豆倒回筐子里，并将其他人使用的一次性杯子依次叠起来，再把筷子整理好，全部放进筐子里后离开。

串珠子

夹豆子

分析：

（1）《指南》指出，幼儿应该具有基本的生活自理能力，能按类别整理好自己的物品。教师应鼓励幼儿做力所能及的事情，对幼儿的尝试与努力给予肯定，不因做不好或做得慢而包办代替。中班幼儿在日常游戏中已经具备基本的自理能力，具备基本的整理归纳能力，能够在游戏结束后自觉整理游戏材料，保持区域的整洁有序。

（2）整理标识一般用于指示游戏中材料的摆放顺序、游戏区域的标识、区域的进出规则等，可以减少幼儿之间的矛盾和冲突，有利于幼儿形成自觉自律的行为。通过一些具体的标识呈现，可以让幼儿感受到无形的教育，养成良好的日常习惯。

（3）学会整理物品、分类归纳物品对幼儿的成长是尤为重要的。在幼儿的一日生活中，通过创设有教育意义的游戏情境，让幼儿在游戏中学会整理，养成良好的整理收纳习惯。

指导策略：

（1）教师与幼儿一起设置游戏材料的整理规则。通过让幼儿共同参与，充分发挥幼儿的主体性，明确规则的价值和作用。如：夹豆子游戏结束后，要把豆子都放回篮子里，将一次性杯子都叠起来。

（2）设置小小管理员，互相监督。让幼儿选举出归纳整理能力比较强的幼儿担任小小管理员，督促其他幼儿进行有序的材料整理，积极带动其他幼儿，激发幼儿的内在动力，让幼儿能够主动学习、主动发展，养成良好的整理习惯。

（3）家园共育，养成良好的习惯。教师要与家长建立平等、合作的伙伴关系，利用家长放学接幼儿的时间，了解幼儿在家中的表现，并要求家长予以配合。除此之外，也可以让家长参与幼儿习惯养成管理，如鼓励幼儿在家中主动收拾玩具、自己叠衣服、取放碗筷等，逐步提高整理要求，从而增强其独立做事的信心。

（三）大班案例

观察实录：

聪聪看见生活区物品摆放杂乱，嘀咕说：“怎么用完都不把东西放回去？这让我怎么做呀？”这时候琪琪过来了，问：“聪聪，你要找什么？”聪聪回答：“我想做红枣糯米糕，但是我现在找不到可以用来搅拌面粉的工具。”随即，琪琪热心地帮助聪聪寻找，终于在一堆工具里面找到了搅拌棒。聪聪说：“我还需要蒸锅垫。”琪琪又陪着聪聪找了很久，还是没找到，就去询问教师。教师说：“前不久才购置了一台蒸锅，怎么会找不到呢？”教师带着聪聪和琪琪又找了一下，确实找不到。聪聪想要制作糯米糕的计划没能完成。

摆放整齐的物品

分析：

针对物品“消失”这一问题，教师都会询问幼儿：“谁最后用了这个工具，放置在哪儿了？”但是与其追究丢失的原因，不如防止再丢失。在与幼儿讨论生活区工具丢失的问题后，教师发现最主要的问题是幼儿没有将工具收纳整理好，未归类放置。因此，解决问题的关键是讨论如何巧妙地进行收纳整理。

指导策略：

在《指南》精神引领下，结合大班幼儿年龄特点，教师梳理归纳出大班幼儿的整理能力发展目标。以“激发整理情感，提高整理意识，提升整理能力，玩出整理规则，养成整理习惯”为方向，真正帮助幼儿实现“愿整理—懂整理—会整理—‘慧’整理—‘善’整理”的成长途径。

幼儿主动参与整理工作，学习正确的整理方法，从而养成善于收纳物品、不丢三落四的好习惯。同伴之间有意义的探讨能够最大化地发展幼儿解决问题的能力，只有真正参与讨论，真实自愿寻求答案，才能够让他们真正成为问题的解决者。幼儿在讨论与实践中，不仅获得了整理的技巧和方法，培养了做事认真、细致的态度，也养成了良好的整理习惯，知道做事情要坚持，只有坚持不懈，才能养成好习惯。

四、评价环节案例

（一）小班案例

观察实录：

童童在演示刷牙过程后，教师称赞道：“童童你刷牙的动作是正确的，你可以再做一回小教师吗？教师可以奖励你一个‘大苹果’（贴纸）！”童童点了点头。听到“大苹果”奖励，六七个幼儿站起来说：“我！我来！”教师邀请他们和童童一起到前面演示刷牙的过程，坐在椅子上的幼儿则开始模仿刷牙。

刷牙

接着，教师鼓励幼儿大胆评价童童的刷牙步骤。有小朋友举手发言：“童童没有挤牙膏！”童童回应道：“我平时刷牙的时候会用牙膏的。”教师引导幼儿自由讨论刷牙需要用到的物品，并进行小结，同时教师邀请大家一起观看视频，学习正确的刷牙步骤。教师问：“你们知道我们为什么需要刷牙吗？刷牙有什么作用呢？”幼儿自主发言：“为了保护牙齿不被虫子吃掉。”“刷牙可以让牙齿变白。”教师请幼儿做小评委说说自己的看法。

分析：

（1）《指南》指出，为促进幼儿身心健康发展，要帮助幼儿养成良好的生活与卫生习惯。小班幼儿处在习惯培养的关键时期，养成良好的生活、卫生习惯会受益终身。幼儿在模仿正确刷牙步骤和讨论刷牙作用的过程中，加深了对刷牙这一行为习惯的认识和理解，意识到保护牙齿的重要性。

（2）教师通过奖励贴纸的方式激发幼儿的积极性，使其主动参与演示刷牙的过程，同时采用邀请幼儿自由讨论刷牙需要用到的物品、一起学习刷牙的正确步骤、请幼儿做评委等多种形式，让小班幼儿对刷牙有更全面的了解。小班幼儿通过模仿学习正确的刷牙步骤，逐渐养成良好的生活与卫生习惯。

指导策略：

（1）教师要鼓励幼儿大胆地与他人进行分享交流，畅所欲言，适当的时候可以借助一些奖励（贴纸）来提高幼儿的参与的积极性，在幼儿主动表达自己的想法时，教师要及时地给予表扬和肯定，增强幼儿的自信心。教师要多给幼儿锻炼的机会，多一些耐心和信心。

（2）教师要合理利用教育契机，根据幼儿的兴趣和关注点，恰当地引导幼儿掌握相关经验。教师带领幼儿一起观看如何正确刷牙的小视频，增加幼儿的经验，同时提出“什么时候需要刷牙”的问题，引发幼儿思考。教师进而提出“为什么需要刷牙”等问题，引起幼儿对刷牙的重视，促进幼儿养成良好的生活与卫生习惯。

（3）教师要注重评价主体的多元化，在讨论评价环节不仅有教师评价，还应该采取幼儿自我评价、同伴相互评价，以及家长评价等多种形式。

（4）教师评价时要以正面引导为主，表扬肯定积极的行为，对游戏内容的质量给予评价鼓励。如果游戏过程中出现一些问题，教师要引导幼儿加以讨论、明确认识、共同寻求改进措施。

（二）中班案例

观察实录：

区域活动中，淇淇叫上小伙伴一起来到了生活区，商量着一起制作百福糕。大家一拍即合，撸起袖子就去盥洗室认真清洗双手。

淇淇对着材料柜上下打量，拿出了一大袋面粉、核桃和红枣，摆在桌上备用。淇淇兴奋地抬起头问：“老师，我们准备好了，请问要先做什么呀？”教师回应道：“食材你都处理好了吗？”淇淇顿了顿，看向桌上的食材，才反应过来桂圆壳、核桃壳都还未处理。“哎呀呀！我把这事给忘记了！大家快来帮忙呀！”小伙伴们听了立刻开始干活。淇淇拿起一个核桃，用手使劲按，可是怎么都按不碎。萱萱一把拿走淇淇手里的核桃，说：“让我来！”可核桃仍没有打开。“这可怎么办呀？”淇淇开始垂头丧气。教师提议：“生活区还有一些工具呢，大家可以找一找。”幼儿在柜子里东翻西找，最终萱萱发现了一把开核器，决定试一试。她把核桃放进开核器的凹槽里，双手用力一夹，核桃“咔”一声终于打开了！同伴们跳起来鼓起了掌！

淇淇看到桌上的红枣还没处理，唉声叹气道：“怎么还有这么多呀？”同伴说：

“我好想快点做百福糕呀!”教师听后，提出建议：“你们可以尝试分工合作，两个小朋友一组，一组剪红枣，一组剥核桃，试一试吧!”幼儿听了，一致认为这是个好主意。有了分组合作，大家很快就准备出足量的食材。淇淇紧接着把面粉掺水，不断揉捏。“要倒多少水呀?”“你可以自己试一试”教师说着。于是淇淇倒了一大杯水揉进了面粉里，面粉变得水乎乎的。“老师，你快来帮我!”最终，在教师的帮助下，面粉逐渐揉出形，变成了一个大大的面团。大家兴奋地把准备好的食材倒入面团中，继续翻面、不断揉捏。最后请食堂阿姨帮忙蒸熟，等待百福糕出炉。

区域活动结束了，幼儿一五一十地和教师分享着自己的游戏趣事和游戏成果。淇淇指着前面的百福糕说：“我今天可是制作了美味的百福糕呢!”教师也配合着将今天生活区进行百福糕活动的照片投放到电视屏幕上，问道：“你是怎么制作的呢?”淇淇不太完整地介绍完后，教师追问：“你们在制作过程中遇到了什么问题呢?”淇淇继续回答:”核桃太硬了，刚开始我们用手都按不开。”“我们也不知道要放多少水进面粉里。”“那你们觉得可以怎么解决呢?”教师反问道。关于核桃和红枣的处理方法，幼儿知道了要学会使用工具；关于食材比例，幼儿和教师通过讨论，决定用笔记录下每次倒入水的量，并寻找出面粉和水的最佳比例，最后制作百福糕的食谱。

使用儿童剪刀剪核桃肉

揉面粉

分析：

（1）中班幼儿仍处于直观思维阶段，对活动的回忆只有片段式的场景，教师在对幼儿进行言语介绍时，用照片、视频等方式进行辅助，有助于幼儿更完整、更有逻辑性地进行表述，提高师幼评价的质量。

（2）在制作百福糕的过程中，幼儿对面粉和水的配比缺乏经验，但幼儿并没有重视此类问题，也没有寻求解决办法。在师幼交流环节，教师鼓励幼儿思考如何解决活动中遇到的问题，请幼儿大胆表述，引导并辅助幼儿学会思考问题，结合已有经验，商量讨论解决方法，让幼儿成为评价的主体。

（3）幼儿对活动的评价仍存在片面性、阶段性，因此教师作为聆听者、观察者，需要及时对幼儿的评价进行补充。

指导策略：

（1）在活动评价环节，教师应鼓励每个幼儿大胆分享表述自己的活动内容和活动过程，发展幼儿的语言表达能力。在幼儿的自我评价和互相评价中，教师可加入当日的重点活动评价内容，并将活动中记录的照片和视频作为师幼评价的载体，丰富评价内容。

（2）活动评价环节前期，教师应先抛出问题，鼓励幼儿进行自我评价，思考活动中遇到的问题，并围绕该问题和他人进行交流，尝试面对问题、解决问题，引导幼儿学会自我反思，从而提升幼儿的游戏水平。

（3）教师应认真聆听幼儿的评价内容，并适当地进行补充，完善和弥补幼儿评价的片面性，使评价环节完整化。

（三）大班案例

观察实录：

生活区正在进行美味鸡蛋饼的制作游戏。幼儿带来了鸡蛋、韭菜、火腿肠、胡萝卜及面粉，每个幼儿都想要制作鸡蛋饼。浩浩提议："我们来比一比哪组做的最好吃。"区域游戏开始，第一组浩浩先打鸡蛋，另外两个幼儿切火腿肠、韭菜、胡萝卜。浩浩在生活阿姨的帮助下将鸡蛋打到碗里，拿勺子开始搅拌，鸡蛋搅拌开之后，他往蛋液里面加入适量的面粉，放了三大勺面粉之后，浩浩让另外两个幼儿将切好的火腿肠、韭菜、胡萝卜丝倒入面糊，搅拌均匀。在教师的帮助下，浩浩将面糊倒入刷了油的电饼铛，盖上盖子，等待五分钟后，翻面继续加热，最后将鸡蛋饼拿出来切开。其他两组幼儿也按照这个步骤做出了美味鸡蛋饼。天天问："怎么才能知道哪个小组的鸡蛋饼最好吃呢？"乐乐提议说："让大家来尝一尝就知道了。哪组的鸡蛋饼获得的票数多哪组就获胜了。"三组幼儿都同意了。投票开始了，三份鸡蛋饼标上 1、2、3 的数字，让幼儿品尝并投票，幼儿觉得好吃的在对应数字下面贴上一个小苹果标识。最后请评委们对三份鸡蛋饼进行点评。大家总结评委们的意见，一致觉得，2 号鸡蛋饼有点硬，3 号鸡蛋饼有点咸，1 号鸡蛋饼获胜。教师请 1 号鸡蛋饼的制作小组成员进行总结回顾，说一说他们是怎么成功制作出美味鸡蛋饼的，并鼓励其他两组下一次继续努力。

做鸡蛋饼

公布投票结果

分析：

（1）《指南》指出，鼓励幼儿做力所能及的事情，对幼儿的尝试与努力给予肯定，不因幼儿做不好或做得慢而包办代替。在制作鸡蛋饼的过程中，除了用油和加热等环节之外，教师在打鸡蛋、切火腿肠、切韭菜等环节都给予幼儿充分的锻炼机会。最后通过投票评比，让幼儿了解成功制作鸡蛋饼的关键点，使其得到更丰富的生活经验，并能将经验运用到下一次烹饪活动中。

（2）教育活动评价应以自评为主。幼儿自己的事情尽量放手让幼儿自己做，幼儿在做事中树立自尊和自信，在活动中获得成就感。对幼儿自己讨论制订的评比投票方式给予充分的支持与肯定，让幼儿更有信心地开展游戏，在与他人的评比中不断反思提升自己。

（3）《指南》指出，遵守基本的行为规范。在游戏中，幼儿都能够遵守游戏规则，对于自己不足的地方及时反思提升，及时分享成功的经验。投票评比的过程中也遵守了公平公正的原则。

指导策略：

（1）结合游戏情境，激发幼儿归纳反思的积极性。在投票结束后，教师要及时引导幼儿对于自己制作的鸡蛋饼进行反思回顾，思考饼过硬过咸的原因，并进一步思考下次制作时如何避免这些情况的发生。

（2）教师要对幼儿进行适时合理的指导。教师在幼儿游戏活动中是支持者、合作者、引导者。在进入区域活动之前，教师应该与幼儿共同讨论鸡蛋饼的制作方法，并且思考活动中可能会碰到的问题，问题解决的方法。由于幼儿是第一次尝试，可以在游戏前先让幼儿进行一些切的动作，丰富幼儿的游戏经验。在游戏中，既要考虑到同组幼儿之间相互交流、共同合作，又要注意彼此之间互不干扰，从而使幼儿能专注投入游戏，探索问题。游戏结束后教师与幼儿一起交流感受，使幼儿能进一步体验成功的喜悦，同时有针对性地对具体游戏内容进行详细的分析，如面粉和鸡蛋的比例、盐的用量等。

（3）培养幼儿良好的操作游戏常规。如在制作前要注重食品的安全和卫生，引导幼儿戴好口罩、手套、围裙；在制作中要注意安全，使用锋利的工具要小心，对材料要爱惜；制作结束后应将材料整理好并且归位。游戏结束后幼儿习惯性地将材料整理好，既提升了幼儿收拾整理物品的能力以及自理能力，又减轻了教师的工作量。让每个幼儿都能主动学习，主动参与，自主操作，快乐操作，在操作中学到各种知识和本领。

第七章 自然联结 融合共生

——生活区活动与其他活动融合

本章简介

本章将探索生活区活动与主题活动、生活活动、户外活动、教学活动融合的途径，以提高教学质量，发挥生活区的特色优势。在融合方式方法上，将从原则、注意事项、策略及案例的角度进行阐述。

思维导图

- 生活区活动与其他活动融合
  - 生活区活动与主题活动融合
    - 原则
    - 注意事项
    - 策略
    - 案例
  - 生活区活动与生活活动融合
    - 原则
    - 注意事项
    - 策略
    - 案例
  - 生活区活动与户外活动融合
    - 原则
    - 注意事项
    - 策略
    - 案例
  - 生活区活动与教学活动融合
    - 原则
    - 注意事项
    - 策略
    - 案例

第一节 生活区活动与主题活动融合

一、生活区活动与主题活动融合的原则

（一）小班生活区活动与主题活动融合的原则

1. 生活化原则

小班幼儿的经验相对匮乏，因此生活区应尽量选择幼儿熟悉的生活材料，关注材料与幼儿日常生活的联系。

2. 情境性原则

小班生活区与“娃娃家”相结合。小班生活区的主要功能是培养幼儿的生活自理能力和基本生活技能，单一、机械的技能操作会使幼儿失去对游戏的兴趣，因此需要将游戏与具体的情境相结合。幼儿越小，就越需要在一定情境中与材料互动，从而获得技能的发展。

（二）中班生活区活动与主题活动融合的原则

1. 图为主、文为辅原则

中班幼儿处于具体形象思维阶段，教师在融合时依然要采用生动形象的方式引导幼儿，为了避免幼儿在解读图片时出现困难，不能领会含义，图片应尽量以特写的形式来呈现，让幼儿更加准确地记住游戏中的关键步骤。

2. 重内容原则

中班幼儿在生活方面已经积累了一定的经验，教师在融合游戏准备中要将重点部分突出，引起幼儿关注，真正起到指导幼儿的作用。

（三）大班生活区活动与主题活动融合的原则

1. 主题性原则

主题性区域活动结合学期主题计划表进行创设，考虑到主题性与生活区的融合，针对主题活动目标，重视幼儿各方面发展，而不是片面地发展幼儿的某一方面技能。

2. 延伸性原则

幼儿掌握了一些基本的劳动技能后，其操作技能也有了进一步提升，幼儿能够根据自己的想法，进行设计图的绘制，有一定的目的性，而不是盲目的。主题活动在生活区进行延伸是幼儿巩固经验、提升技能的一个有效策略。

二、生活区活动与主题活动融合的注意事项

（一）小班生活区活动与主题活动融合的注意事项

1. 基于幼儿的生活经验，投放贴近生活和易于操作的材料

小班幼儿的生活经验相对较少，动手操作能力也较弱，只能通过简单地摆弄材料，与材料互动获得相关经验。简单的生活材料更能吸引幼儿的兴趣，因此小班生活区活动与主题活动融合时要确保活动材料便于操作且玩法相对明确。

2. 基于幼儿的年龄特点，创设有趣的游戏内容

小班幼儿的专注力发展较差，游戏的目的性较弱，如果生活区只是单一、无趣的机械性游戏，必然会降低幼儿的游戏质量，无益于幼儿经验的获得。因此，教师可以从主题中幼儿非常感兴趣的事物、事件入手，为幼儿创设可以带入主题情境的游戏环境，增强幼儿的游戏体验。

（二）中班生活区活动与主题活动融合的注意事项

1. 通过生活区活动帮助幼儿获得相关的主题经验

当幼儿没有相应的活动经验时，可以根据主题活动目标，投放相应的材料到各区域，让幼儿动手操作，与环境进行交互作用，积累相应的经验，便于主题活动中学习的顺利进行；在区域活动中不同幼儿在交流与互动时，往往会产生一些新的兴趣，教师可以将兴趣转化成主题活动内容，让幼儿在主题活动中进一步交流与探索。

2. 整合区域活动与主题活动的目标与内容

活动内容直接决定了区域活动与主题活动的整体品质，因此教师要根据活动的教育目标对区域活动与主题活动的内容进行整合，从而使两者的活动内容达到水乳交融的境界。

（三）大班生活区活动与主题活动融合的注意事项

1. 进行针对性指导

结合主题，根据大班幼儿的发展特点，设计针对性的生活区活动，并进行针对性指导。大班幼儿能够用线条平滑地画出图形，并且沿着线条剪出简单的图形。在“冬日过新年”主题中，教师可以提供一些手套模板、无纺布、硬卡纸、大头针、毛线等，幼儿能够按照手套模板在无纺布上画出手套的外形，将剪下来的手套布样对应摆放，用锁边的方式将两片手套缝合成一只手套。

2. 注意目标的一致性

根据《指南》的理念，要注重领域之间、目标之间的相互渗透和整合。生活区活动与主题活动相结合只有目标一致，才能形成完整的教育体系，以确保幼儿的发

展方向不会发生偏差。

三、生活区活动与主题活动融合的策略

（一）小班生活区活动与主题活动融合的策略

1. 提供丰富多元、贴近生活且适宜小班幼儿特点的操作材料

主题活动主要来源于幼儿熟悉的现实生活。对于小班幼儿来说，生活化的材料既便于搜集，又能帮助他们发展生活技能，且丰富多元的生活化游戏材料能够满足幼儿自主选择的需要。

2. 创设与主题密切相关的活动情境

小班幼儿年龄小，丰富有趣的主题化活动情境能够吸引幼儿的注意力，让生活技能的掌握变得生动有趣，促使幼儿在玩中学、在学中玩，在自由自主的活动情境中愉悦地获得相应的生活自理能力和生活技能。

（二）中班生活区活动与主题活动融合的策略

1. 充分利用主题活动材料

区域活动是主题活动的重要组成部分，是在主题目标的指导下，教师有目的地引导幼儿开展的系列活动。因此，区域活动中材料的收集和利用应切合主题，根据近阶段的主题目标和幼儿的活动需求及时投放材料。

2. 在生活区中生成新的主题

在区域活动中，教师的角色定位是材料的投放者和活动的观察者、引导者。教师根据教育目标及幼儿的特点和需要，进行材料投放，通过观察，发现幼儿在操作过程中获得的经验是零碎的、表面的，有进一步提升幼儿经验的需要，从而生成新的主题活动。

（三）大班生活区活动与主题活动融合的策略

1. 提供与主题相符的材料

在投放区域材料时，首先要考虑投放的材料与主题活动的关系。幼儿在区域活动中，通过对材料尽兴尽情地探究加深对主题的理解。幼儿在自主探索的过程中，大胆地表达自己的想法，在交流的过程中，体验探索的乐趣，不断提高自己的认知能力和思维能力，不断地丰富自己的情感，形成自己的经验。在主题活动“多彩的秋天”中，幼儿自主品尝各种水果，制作美食，然后用语言来描述自己制作的美食，让同伴猜，进而达到让幼儿愉悦探索的目标。

2. 结合主题创设区域活动内容

区域活动与主题活动都是为了让幼儿更好、更快地学习知识、张扬个性，将生活区

与主题活动融合，能使幼儿在玩中学、在学中玩。教师可以充分考虑主题内容，将主题内容渗透到生活区活动，再在具体的活动中对幼儿进行仔细观察，根据幼儿的需求随时调整活动的方式与内容。此外，教师还可依据生活区活动对主题活动进行必要延伸。

四、生活区活动与主题活动融合的案例

（一）小班案例

观察实录：

橘子的教学内容既源于幼儿日常生活，又来自幼儿的兴趣，根据幼儿的兴趣，教师预设了为期两周的主题活动。在开展的过程中，教师投放的主要材料是橘子，通过识橘、探橘、玩橘等一系列活动，加深幼儿对橘子的认知了解。

活动中有一天，小琪兴冲冲地跑来和教师说：“妈妈说，橘子皮也可以吃，晒干后可以用来泡水喝，酸酸甜甜的，很好喝。”幼儿对如何晾晒橘子皮产生了浓厚的兴趣，纷纷表示想要尝试一下晾晒橘子皮。于是教师在生活区中，开展了晾晒橘子皮的活动。在开始之前，让幼儿与父母一起查找一些相关的资料，了解基本的步骤。

剥橘子

幼儿先把橘子皮较完整地剥下来，然后放置在白色框内。在剥橘子的时候，幼儿们热烈交流讨论。小米：“我的有5瓣。”小诺：“我的是10瓣。”幼儿发现不同的橘子瓣数不一样。幼儿把橘子剥完后，把橘子皮放在阳光下，让阳光把橘子皮晒干，幼儿再将其翻面。之后的几天，幼儿会时不时地去观察一下橘子皮。过了几天，小琪跑到教师面前说：“老师你看，这个橘子皮好硬啊，

数橘子瓣

晒橘子皮

闻起来还香香的，应该晾晒完成了吧！”经过一个礼拜的时间，幼儿们的橘子皮晾晒成功。

分析：

（1）通过本次活动，幼儿能够获得橘子的外形特征、橘子的味觉体验等关键经验。从年龄特点来看，简单探索橘子的外形特征，从视觉、触觉、嗅觉、味觉等多感官感知橘子，在观察橘子中获得愉悦的体验，对小班幼儿来说是必要的。观察橘子的外形特征，从形状、颜色、味道等方面进行探究，发展幼儿的科学观察能力和表达交流能力。观察完橘子的外形特征之后，探究橘子的内部特征，剥开橘子后，通过点数的方法，让幼儿感知橘子肉是一瓣一瓣的，发展幼儿的点数能力。

（2）《指南》指出，教育内容既要贴近幼儿的生活，又要有助于拓展幼儿的经验。幼儿主动提出制作陈皮，教师敏锐地抓住可挖掘的教育价值，设计贴近幼儿生活的教育活动，激发幼儿参与活动的积极性和主动性。

（3）《指南》指出，小班幼儿的年龄发展特点是能用多种感官或动作去探索物体，关注动作所产生的结果。活动中，教师让幼儿通过观察、触摸、操作，了解橘子的特点，感知橘子的秘密，知道橘子皮经过晾晒后会有软硬的变化，进一步加深对橘子的直接感知。

指导策略：

（1）在活动中，教师需要紧跟幼儿的兴趣和提出的问题，不断地进行课程内容的调整，更好地促进幼儿的深度学习。教师既要在生活区提供足够多的橘子，让幼儿有机会摸一摸橘子，感受不同橘子表皮的特点，并让他们说一说“橘子摸起来是什么感觉”“橘子的皮是光滑的还是粗糙的”；又要注重引导幼儿观察橘子的外形特征，如颜色、形状等。

（2）针对不同能力的幼儿可以采用不同的策略，比如对于能力较弱的幼儿，教师可以给予更多的帮助和鼓励，握住他们的小手一起剥橘子，或者提醒他们注意方法；对于能力较强的幼儿，教师可以鼓励他们用不同的方法剥橘子，如用手指扣、用工具切等，但要确保安全。

（3）活动结束后，教师可以组织幼儿进行交流，鼓励他们分享自己剥橘子的方法和感受。“你是怎么剥橘子的呀？剥橘子的时候遇到了什么困难吗？你觉得橘子好吃吗？”引导幼儿大胆分享交流，以此锻炼幼儿的语言表达能力。

（4）注重引导幼儿观察橘子皮在晾干过程中的变化，如颜色变浅、质地变硬等。后期可以引导幼儿了解储存陈皮的方法，或者进行陈皮创意手工、陈皮泡茶等活动。橘子材料可以延伸到其他区域中，教师可以引导幼儿在美工区进行陈皮创意手工制作，在科学区观察橘子在水中的沉浮现象等。

（二）中班案例

观察实录：

今天的生活区，幼儿准备制作花茶。他们先将花茶的相关材料整理出来，一一摆放在桌面上。

天天和同伴商量要泡哪一种花茶，幼儿已经事先了解了生活区的几种花茶，包括花茶的名称、味道、功效。露露表示天气热了可以泡菊花茶，菊花茶喝了很清凉。越越想泡玫瑰花茶，玫瑰花香香的能够美白。经过讨论，幼儿决定泡两种茶，并且让喝茶的幼儿来评价花茶，看看哪一种更受大家的欢迎。

幼儿仔细地清洗水壶，从罐子里找到菊花茶和玫瑰花茶，分别取出来放到刚清洗的水壶中，在教师的帮助下倒入热水。他们围在水壶边，观察到菊花的花瓣变得越来越大，在水中尽情地绽放着，水中的玫瑰花也一朵朵渐渐地舒展开来，水开始微微变红。越越小心地将花茶倒入准备好的杯子中，提醒同伴："当心烫啊。"天天则热情地邀请路过的同伴来喝茶，并小心地将杯子递过去。露露向同伴介绍："这是玫瑰花茶，它的水是有点红的，喝了美容养颜!"玫瑰花茶受到了许多小女孩的欢迎。玩累的幼儿则来喝一杯菊花茶，休息一下。

"请给我们一个五星好评哦!"花茶得到了同伴的喜欢、认可。制作花茶的幼儿表示下次还想提供更多美味的花茶。

取花

煮茶

品茶

分析：

（1）延伸幼儿对主题的多方面认识。花茶活动是“花籽的秘密”主题活动的一次延伸活动，花儿在不同的阶段具有不同形态特征，幼儿在收花籽的过程中认识到了花儿枯萎的状态，进行一系列的收花籽的行动。而花茶属于干花类，花儿处于未枯萎的状态，在区域活动中投放花茶，能够丰富幼儿对花的认识，认识到花有多种价值，不仅有美的价值，还有一定的营养价值。

（2）促进幼儿多方面能力的发展。在制作花茶的过程中，幼儿会商量讨论泡什么花茶，幼儿知道别人的想法有时和自己的不一样，能倾听和接受别人的意见，不能接受时会说明理由。幼儿观察水中花的状态并分工合作泡花茶，能与同伴分工合作，遇到困难能一起克服。花茶制作好后，幼儿介绍花茶、递花茶、请同伴来评价，幼儿知道自己的一些优点和长处，并对此感到满意。在整个操作过程中幼儿的语言表达能力、合作能力、动手能力、观察能力得到了有效的发展。

指导策略：

（1）由点到面带动幼儿的探索欲。幼儿对于制作花茶充满热情，想要认识更多种类的花，并泡给同伴喝。教师可以考虑在班级中举办一次品茶会，请幼儿事先了解更多的花茶，准备好对花茶的介绍，和同伴一起来品茶，积累更多关于花的知识。

（2）拓宽探索途径，丰富主题内容。活动中教师可依据幼儿的兴趣点，以及教师认为存在探究价值的部分，启发引导幼儿寻找新的探索途径，丰富幼儿的知识面，加深对主题的认识。教师可以与幼儿讨论关于花的话题，如你想知道关于花的哪些知识？或者你对花有了什么新认识？让幼儿通过多样化的活动形式，积累关于花的丰富知识。

（三）大班案例

观察实录：

秋天是一个丰收的季节，在主题活动中，幼儿带来了秋天的各种瓜果蔬菜。沐风带来了一个大大的南瓜，同伴都想品尝它的美味。于是，经过讨论，大家决定制作香香甜甜的南瓜饼。

制作南瓜饼的活动开始了，幼儿先进行了分工，沐风负责倒糯米粉，萱萱负责倒温水，小馨负责搅拌，小杰和欣韵负责把南瓜舀到面粉里。沐风把剩余的一点点糯米粉倒到了面盆里，“加油，沐风，加油，沐风!”同伴给沐风加油打气。“糯米粉好像不够了。”小馨说道。“还有一袋。”萱萱说道。欣韵提醒：“你洒到外面了。”小馨用勺子把面盆边缘的糯米粉刮到面盆里面，又用手帮助沐风将最后剩余的糯米粉倒入面盆。小馨对萱萱说：“加点水。”萱萱把温水倒入糯米粉中。“小馨，你搅拌啊。”沐风说道。萱萱把水都倒了进去，“别倒了!”小馨说着，她一边搅拌一边说："糯米粉太少了，都变成水的样子了。"

沐风又拿起了放在旁边的糯米粉袋，想要再倒点糯米粉，发现只剩下一点点了，小杰指了指旁边一袋满的糯米粉，但是同伴没有注意到他的提醒。教师再次提醒道："可以再加一点糯米粉。"小杰也指了指旁边那袋糯米粉说："可以用那一袋。"小馨还在搅拌，沐风在尝试还能不能倒出糯米粉。

小馨问道："只有这一点粉吗？"小杰指着旁边新的糯米粉袋说："这里还有一袋呀。""这个是我带来的。"欣韵说道。沐风将新的糯米粉袋拿了过来，沐风倒糯米粉，小馨搅拌，重复了几次，"一直倒可以做苹果派。"小馨说。"哎呀，这个水都没了。"小杰说道。小馨对萱萱说："你去接点水倒进去。"萱萱往糯米粉里继续加水，"好了好了。"馨馨提醒道。沐风倒粉，萱萱加水，小馨搅拌，三人配合着。"我的手有点酸。"小馨说道。"那我来搅拌吧。"欣韵提议。欣韵拿着勺子用力地搅拌起来，"小杰加点白砂糖吧！"小馨对小杰说。小杰拿起了糖往糯米粉糊里放，"倒入白砂糖，然后搅拌均匀。"欣韵搅拌着，小馨说："现在看起来好像酸奶呀。""但是它好粘呀。"欣韵说。"待会加点南瓜就变软了，揉揉揉。"小馨边说边做动作。

"然后把它压扁！"沐风两只手用力地合在一起做了个压的动作，小馨也跟着做。欣韵指了指电饼铛说，"压扁是用那个机器吗？""不对，是用手压扁的。"小馨反驳。"搅拌好了吗？"小馨说。"可是我们不是交换了吗？"欣韵说。沐风说："我也想搅拌。"小杰也想搅拌。"那你们交换一下。"教师提议。"我要让沐风搅拌。"欣韵说完将搅拌的工具交给了沐风。幼儿开始进行南瓜饼后续的制作。

制作南瓜饼

香香甜甜南瓜饼

分析：

（1）在活动中，幼儿能够分工合作，各司其职，倒粉、倒水、搅拌、加糖、加南瓜等，并且在活动中能够进行交换。

（2）幼儿对于制作类的活动经验较少，第一次加水时，糯米粉少、水多，导致变成了很稀的糯米粉糊。幼儿能够联系生活经验，说出糯米粉糊像酸奶，大胆表达自己的想法。

（3）在整个活动中，小馨和沐风在活动中起着主导作用，二人的能力相对较强，有自己的想法，并能够大胆表达，能对同伴提一些建议，同伴也能够接受并实施。小杰比较内向，但他的关注力较强，一开始就发现了桌子上还有一袋满的糯米粉，但是讲话的声音较小，同伴都没有听到。萱萱和欣韵二人的参与度不是很高，基本都是听同伴的意见，自己没有太多的想法，对活动的流程也不是很了解。

指导策略：

（1）继续开展每周的烹饪日活动，让每个幼儿都参与其中。幼儿可以制作简单的美食，富有趣味又兼具挑战性，幼儿既能提高动手能力，又能获得基本的生活技能，让幼儿体验劳动的成果。在后续的主题中继续投放与主题相关的食材，与幼儿共同制作美食。

（2）教师应该多鼓励幼儿大胆表达，对于一些比较内向的幼儿积极引导，让幼儿想说、敢说、喜欢说。

（3）加强家园沟通，让家长利用周末或者空余时间带领幼儿制作一些简单的美食，增进亲子情感的同时，提升幼儿的生活经验；还可以和幼儿一起制作食谱，让幼儿对一些食物的制作流程更加清楚，促使活动更加顺利地开展。

第二节　生活区活动与生活活动融合

一、生活区活动与生活活动融合的原则

（一）小班生活区活动与生活活动融合的原则

1. 问题性原则

小班大部分幼儿的生活自理能力较弱。午睡起床的环节，有的幼儿穿脱衣物的技能还未掌握，鞋子也经常会穿反，而这些问题，都可以在生活区的游戏中引导幼儿边玩边掌握解决办法。

2. 发展性原则

每一个幼儿都是独立的个体，因此幼儿的发展存在差异。在生活区活动与生活活动融合的过程中，要以幼儿发展为目的，关注所有幼儿，为其提供和创设多层次的游戏材料和环境，让幼儿能力在已有水平的基础上获得提高。

（二）中班生活区活动与生活活动融合的原则

1. 随机性原则

幼儿园应树立“一日生活即课程”的思想，认识到时时处处都有教育，将生活的过程作为教育的过程。生活活动即幼儿一日生活的常规活动，教师应充分利用幼儿生活活动中的偶发事件，将偶发事件创设成区域活动，进行随机教育。如：针对幼儿不会扣纽扣、系鞋带的问题，在生活区投放相关材料让幼儿进行扣纽扣、系鞋带的练习。

2. 体验性原则

在生活区活动与生活活动融合的过程中，教师应根据幼儿的年龄特点，放手让他们学习自我服务，学习自己能做的事情自己做，让幼儿在情境中体验生活，掌握生活技能。

（三）大班生活区活动与生活活动融合的原则

1. 真实性原则

要将真实的生活经验作为学习的内容，以帮助幼儿适应未来的世界。所以，生活活动必须从生活环境和经验中开展。开展的活动要尽量贴近幼儿的生活实际，从幼儿的生活中努力探索和寻找与幼儿生活紧密相关的教育途径和手段，并挖掘利用生活中的各种有效资源，开展多种多样的生活区活动。

2. 主动性原则

在生活区活动与生活活动融合的过程中，教师应充分发挥幼儿的主动性，让幼儿成为生活的小主人。在生活区，教师应注重为幼儿提供宽松的生活环境，尊重、了解不同年龄段幼儿的特点、需要，以真诚的爱心、积极的鼓励，让幼儿主动参与活动。教师可以组织幼儿讨论生活活动程序或规则，并用幼儿能理解的图片加以表征，贴在生活区中，以提醒幼儿主动按程序或规则操作，充分尊重幼儿的主体性。

二、生活区活动与生活活动融合的注意事项

（一）小班生活区活动与生活活动融合的注意事项

1. 关注和解决生活中的小问题

让问题成为生活区活动与生活活动融合的一个载体，从问题出发，以问题为导向，通过双向融合解决幼儿在自理能力和技能方面欠缺的问题。

2. 活动形式要富有层次性

幼儿之间存在个体差异，这就要求教师投放不同的材料，创设一个有着丰富层次的生活区。同时，教师也要了解幼儿的最近发展区，把握整体目标，创设具有层次性的活动，切忌用一把尺子衡量所有幼儿。

（二）中班生活区活动与生活活动融合的注意事项

1. 关注幼儿生活习惯，注重习惯的培养

教师可以将生活习惯的内容以图示的形式呈现在“本周生活习惯”的版面上，同时根据其内容投放于班级的不同位置，潜移默化地培养幼儿良好的生活习惯。

2. 在师幼共同商议的基础上，激发幼儿的兴趣

除了观察与预设外，教师还要把主动权交给幼儿，鼓励幼儿相互观察、相互监督，并且在教师的引导下，将发现的一些问题描述出来，运用集体的智慧和力量去解决。

（三）大班生活区活动与生活活动融合的注意事项

1. 关注幼儿平时积累的生活经验，有效开展生活区活动

幼儿发展的一个有效途径就是积累生活经验，积累的是个体的亲身经历，强调的是对事物的直接感知，只有亲力亲为，才能形成直接经验。在活动中，教师应以幼儿的生活经验为基础，以活动为载体，将幼儿在生活中积累的生活经验迁移到活动当中，以此有效开展活动。

2. 注意在生活区拓展幼儿的生活经验

在生活区，教师应注重从不同方面扩展幼儿的已有经验，提高幼儿的生活技能，丰富幼儿的生活体验；在活动中，应还原和重现幼儿的生活经验，通过不断丰富活动，拓展已有经验，使其掌握生活技能，理解规则。

三、生活区活动与生活活动融合的策略

（一）小班生活区活动与生活活动融合的策略

1. 有效观察，促进幼儿发展

观察作为教师必备的基本功之一，是十分重要的。在日常生活中，教师要多观察幼儿，在生活活动的各个环节中及时发展幼儿在生活技能等方面的薄弱之处，通过活动帮助这些幼儿掌握技能。

2. 灵活调整，吸引幼儿参与

根据《指南》等纲领性文件的目标要求和班级幼儿的实际发展水平，创设具有挑战性的活动，提供丰富可变的材料，引起幼儿的兴趣，让小班幼儿喜欢并乐于参与活动，促进幼儿从已有水平向更高水平发展。

（二）中班生活区活动与生活活动融合的策略

1. 合理利用日常生活材料

日常生活材料引起幼儿的注意和兴趣，激发幼儿创造的火花。教师要让幼儿接触更富挑战性的材料，促使幼儿尽情地操作、创造、发挥；要注意挖掘资源，充分

利用废旧材料，让这些生活废品成为提升幼儿动手操作能力的宝贝，真正变废为宝。

2. 建立活动区档案

教师可以建立活动区档案，对区域幼儿进行跟踪观察和记录，记录形式包括照片及文字资料。这样有助于教师及时准确掌握幼儿的最新发展水平，同时有助于教师及时发现问题、解决问题，并从中总结出一些促进幼儿交流与合作的有效方法。

（三）大班生活区活动与生活活动融合的策略

1. 主动体验生活活动

教师可以通过活动设置、日常观察、与幼儿交流等形式，分析整理出不同幼儿的兴趣，保证每个幼儿都有机会表达或展现自己的喜好。教师再根据幼儿的兴趣，有针对性地设计和开展生活体验活动。如叠衣服是日常生活中琐碎且频繁的工作，运用一块自制的叠衣板协助叠衣服，方便又实用，只要简单的三个步骤，几秒钟的时间，就可以快速地把不同的衣服叠成固定大小。

2. 构建幼儿生活教育

在生活区，教师可以创设真实的生活或与真实生活相似的场景，提供相应的材料。幼儿通过直接感知、实际操作和亲身体验来迎接挑战，丰富自己的生活经验。教师还可以为幼儿设置情境化的学习环境，引导幼儿在体验中发现问题并解决问题，如小厨房、手工坊等。通过生活区活动呈现“生活即教育”的理念。

四、生活区活动与生活活动融合的案例

（一）小班案例

观察实录一：

乐乐、朵朵坐在生活区，拿着衣服，你看着我，我看着你。教师将扣纽扣的步骤告诉她们：“要先把衣服摆整齐，把纽扣和小孔对齐，然后把纽扣竖起来，对准小孔穿过去，再在另一端捏住纽扣拔出来，纽扣就扣好了！”教过之后，幼儿开始扣纽扣，她们左手拿衣服右手拿纽扣，把衣服甩过来甩过去的。不一会，乐乐说：“老师，我不会。”教师鼓励道：“没事的，你先试试看，不会教师再教你。”于是二人又开始尝试，由于纽扣太小，孔太小，两分钟过去了还是没有成功。她们开始坐在位置上

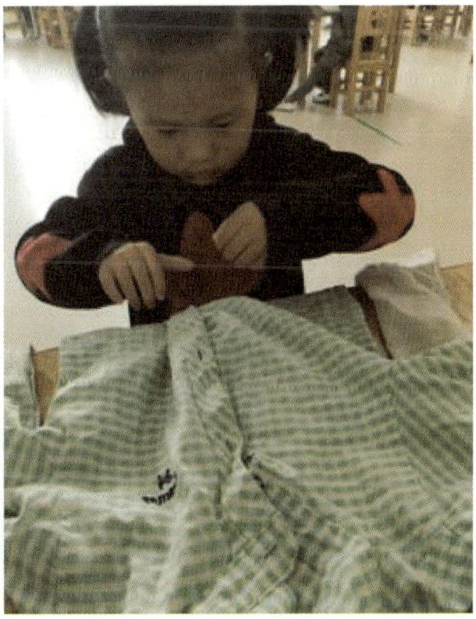

扣纽扣 1

看着旁边的“娃娃家”：“老师，我不想玩这个了，我想去那里玩。”

分析：

小班幼儿手部抓握及手指配合能力在逐渐发展，开始具备独立做事的能力。生活区提供的纽扣太小及幼儿不熟悉解、扣的方法，导致幼儿对扣纽扣游戏的兴趣缺失，教师应及时调整材料，帮助幼儿习得一些生活自理能力。

指导策略：

（1）让幼儿带一件爸爸妈妈的衣服，上面有大大的纽扣，让幼儿观察不同的纽扣及纽扣孔，了解纽扣的构造，便于成功扣纽扣。

（2）准备一些可爱的小动物纽扣玩具，让幼儿增加游戏兴趣，更爱到生活区进行扣纽扣游戏。

（3）将扣纽扣的方法制作成图示展示在生活区中。

（4）日常生活和区域活动中关注幼儿对扣纽扣技能的掌握程度，教师相应地对材料进行调整。

观察实录二：

生活区新增了许多材料，教师再次鼓励乐乐和朵朵到生活区游戏。这一次，乐乐用手捏住大人衣服的大纽扣，穿过纽扣孔变得容易多了。一分钟后，朵朵也喊道：“老师，我扣上纽扣了！”教师立刻做出回应：“你真厉害，那你继续把这件大衣服的纽扣都扣起来吧！”因为掌握了方法，所以朵朵把这件衣服的纽扣都扣起来了，教师又把之前的小衣服的纽扣拿出来让她们尝试。这一次，乐乐用小手捏住纽扣往纽扣孔穿，第一次没穿过，第二次穿了一半过去，另一端没有及时拔出来，又失败了，第三次她把纽扣竖起来对准小孔，穿过去就用小手按住，从另一端拔出来，过了五分钟，这件小衣服的纽扣终于都扣好了，虽然花了比较长的时间，但还是成功了。朵朵进步也很大，在乐乐的提示下也都把纽扣扣好了。

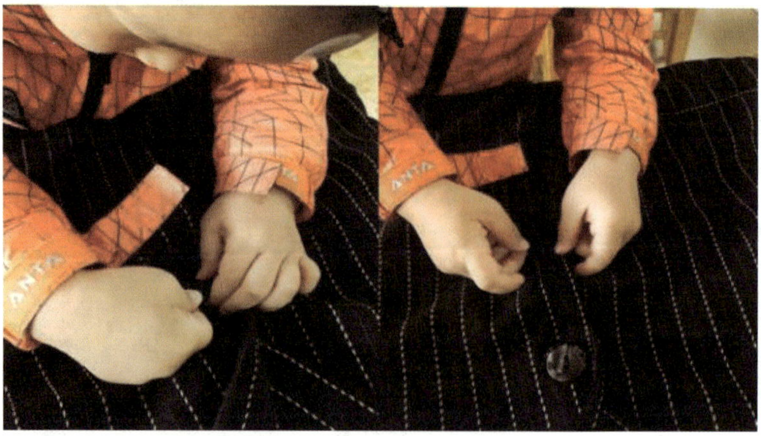

扣纽扣 2

分析：

刚开始面对教师提供的娃娃衣服纽扣，幼儿只是因为教师的安排而进行游戏，并没有很感兴趣；教师提供了成人衣服纽扣后，幼儿扣完纽扣后穿起爸爸妈妈的衣服觉得很好玩，很滑稽，感兴趣之后更愿意参与其中。在玩的过程中锻炼了手部抓握的能力，逐步习得扣纽扣的生活技能。教师通过观察发现，幼儿之间的个体差异较大，有些幼儿动手能力、手部动作发展较差，不能掌握扣纽扣的技能，而有些幼儿无论大小纽扣都能扣好，觉得没有挑战性，逐渐对扣纽扣游戏失去兴趣。

指导策略：

（1）生活区材料要符合幼儿身心发展规律且能满足他们的需求。教师要根据不同幼儿的不同水平提供相应的材料，材料要满足幼儿的最近发展区，当多数幼儿已经能够扣大纽扣后，教师可以提供一些小纽扣帮助幼儿进一步发展手部精细动作。

（2）及时关注幼儿的一日生活，当幼儿都能掌握扣纽扣技能后，再通过日常观察找寻幼儿的薄弱环节，帮助幼儿发展其他生活技能。

（二）中班案例

观察实录：

溪溪骄傲地炫耀着："我爸爸妈妈在家里用筷子吃饭！"

子婧应和道："我家里大人也都用筷子！"

思辰瞪着圆溜溜的大眼睛说："我妈还教过我用筷子呢！"

"我们什么时候也能用筷子吃饭呢？"

……

趁着午餐结束的自由活动时间，教师与幼儿围绕"筷子有什么特点""筷子和勺子的区别在哪里""如何使用筷子"自由讨论着。在午餐前的一小段时间，教师带领幼儿观察大班哥哥姐姐用筷子进餐，看看他们是怎么使用筷子的。幼儿个个瞪着大眼睛，发出一阵阵"哇"的夸赞声。

于是，教师和幼儿约定一起创设"筷子大闯关"游戏。在一节美术集体活动课中，教师介绍了筷子的形状、功能与基本特点，鼓励幼儿观察家中爸爸妈妈用筷子夹食物，与同伴合作，以小组为单位，共同在绘画中设计自己心目中的游戏玩法。第一组作品画了爸爸妈妈给自己准备的辅助筷子；第二组作品画了各种各样可以夹的食物，有红枣、肉、骨头等；第三组作品画了各种各样不同花色、形状各异的长筷子。

教师和幼儿一起结合了每组的想法，共同约定好游戏规则：第一周投入若干双辅助筷子供幼儿练习，掌握握筷子的方法；第二周投放较低难度的不同体积的软海绵，供幼儿练习夹的技能；第三周投放中等难度的大蚕豆；第四周投放较高难度的小豆子等。幼儿每成功通过一关，向教师展示成果后，可以在这一关贴上自己的专属贴纸，接着闯下一关。

到了第三周，教师观察到第三关盒子上的贴纸明显没有前两关的多，挑战的幼儿也为数不多。晨晨拿起筷子，在左手和右手共同努力下，摆好了握筷子的手势，开始夹大蚕豆。晨晨用力一夹，筷子打了个岔，蚕豆也只转了个方向。晨晨眨了眨眼继续尝试，结果未变。教师鼓励晨晨："手可以不用那么大的劲，再试试。"晨晨撇着嘴，换了一颗豆子，轻轻一夹，豆子终于立起来了，晨晨缓慢移动，"啪嗒"豆子又掉了下来。但这又激起了他的兴趣，又开始不断尝试……

夹豆子

整个活动中幼儿的参与度和热情都很高，不同关卡上的小贴纸也成了他们炫耀的话题。

夹海绵

分析：

（1）《纲要》中倡导生活教育，注重生活实际。中班幼儿练习使用筷子符合其年龄特征，更是实际需要。"筷子大闯关"游戏能够很好地锻炼幼儿的手部精细动作，促进手部肌肉发展。

（2）幼儿在自主设计游戏规则时，大都从生活经验中获取灵感，如：爸爸妈妈使用筷子的款式、夹的食物的种类、自己在家使用的辅助筷子，体现了幼儿的学习常常建立在观察周围事物的基础上。

（3）每个幼儿都是一个独立的个体，因此教师需要尊重、理解每个幼儿的想法。讨论环节，幼儿积极介绍自己的作品，表达自己的设计思路，充分发挥"小主人”的主体性，发展语言表达能力。

(4) 练习筷子夹物的活动体现了活动难度的层次性。由于个体差异较大，因此在同一个活动中不同幼儿可以选择不同的关卡，不仅避免了游戏拥堵的情况，也更好地满足了幼儿不同的发展需求。

指导策略：

(1) 兴趣是幼儿参与活动的原动力。幼儿对使用筷子产生了浓厚的兴趣，教师需要及时鼓励引导，从介绍筷子、观察别人使用筷子进餐、观察家中的食物等环节，维持并提高幼儿的兴趣。

(2) 教师是幼儿游戏活动的观察者、支持者、引导者。教师要尊重幼儿的主体性，设计“筷子大闯关”游戏规则时，应尊重幼儿的想法，融合幼儿的想法，最终和幼儿共同确定游戏规则。

(3) 在持续几周的游戏过程中，教师需要不断观察幼儿的游戏状态和技能掌握情况，根据实际情况调整。遇到幼儿总是夹不起物品而产生挫败感时，教师可以改变投放的物品，降低难度，以提高幼儿的自信心，不断鼓励幼儿重新挑战。

（三）大班案例

观察实录一：

临近端午，教师在生活区陆陆续续投放了一些具有节日特点的材料，其中，幼儿认出了包粽子的材料，对不同粗细、色彩鲜艳的绳子产生了好奇。

佳妮说：“老师，这些绳子是用来干什么的呢？”

诗雯说：“老师，这些绳子好漂亮，可以用来编辫子。”

梓诺说：“端午节要到了，会用到这些绳子吗？”

通过图片、视频的介绍，幼儿的疑问解开了，原来，这些漂亮的绳子是用来编织五彩绳的，五彩绳有着纳福、辟邪、安康、好运的寓意。

幼儿对于编织活动兴趣高涨，一个个迫不及待地拿着绳子操作起来，纷纷将绳子转圈、缠绕、打结，全身心投入编织活动。当绳子上打出一个个结时，幼儿纷纷露出了自信与满足的笑容。有幼儿在编织中遇到困难，在同伴和教师的协助下，慢慢地解决。教师通过观察发现，幼儿在每一

认识五彩绳

编织五彩绳 1

编织五彩绳 2

次的尝试中，动手能力都有一定的提高。第一次尝试时能够用一只手固定住彩绳的一端，利用重复的编织动作，将彩绳编成长长的一条手链，并做好编织收尾的步骤；第二次尝试时能通过不断调整绳子的长度、结的数量，选择在合适的时间穿入挂件；第三次尝试时对于活扣的练习，能将绳子交叉、绕圈、穿线、拉扯调整到合适的位置，最后将五彩绳的两端进行打结。

观察实录二：

生活区中，朵朵拿起五彩绳，按照一定的规律进行重复打结，打完结后拉一拉，两个结便靠得近一些。朵朵在打后面的结时，没有拉紧，按自己的想法随意地编织，在编到一半时，问："老师，我现在可以串成手链了吗？"教师说："朵朵，你把你编的五彩绳和编好的五彩绳比一比，有什么不一样的地方吗？"朵朵拿着编好的五彩绳，看了一会，说："它的结都很齐，一个个连在一起。我的这个结有点散。"教师说："是的，我们如果按照一定的规律进行编织，会更好看的，再调整试试看吧！"

编织五彩绳 3

朵朵将五彩绳没有规律的地方拆除，看到绳子末端脱线了，便拿起剪刀进行修剪，接着朵朵又投入到编织的活动中。不一会儿，一条长长的手链就编好了，朵朵说："老师，你看，我的五彩绳两边是紧的，中间是松的，这样也很好看！"

分析：

（1）观察实录一：将幼儿编织完的五彩绳作品展示在生活区中，教师和幼儿讨论编织中存在的问题，如：确定第一个结怎么打、结的位置、在打结时如何固定、什么时候该放挂件、如何收尾、打活扣……幼儿在生活区进行了多次的尝试。

（2）幼儿通过观察、操作，从简到难，循序渐进，集中注意力，手眼协调，不断调整、把握绳子的方向，体会编织五彩绳的乐趣，锻炼手部肌肉，掌握基本的编织本领。

（3）观察实录二：在生活区中，朵朵能够独自进行编织活动，基本完成作品时，朵朵能够主动地与教师进行交流，在与教师的对话中，教师尊重朵朵的想法，向朵朵提出了疑问并说了一些关于编织的要求，朵朵通过观察自己编织的五彩绳和编好的五彩绳，进行对比、分析，对部分五彩绳拆除并调整松紧，探索了不同的编织方法，获得了成功的体验。活动激发了朵朵重新编织的欲望，锻炼了幼儿独立思考的能力。

（4）观察实录一与观察实录二的对比分析：在游戏过程中，会出现一些问题，教师可以结合幼儿的生活经验，适当地介入，提出一些有针对性的问题，引导幼儿思考、讨论，帮助幼儿找到解决的方法，从而丰富幼儿的生活经验，提高幼儿动手动脑的探索能力。

指导策略：

（1）在生活区，教师应创设一些贴近幼儿日常生活的游戏。在游戏中，教师的角色是观察者，更是支持者。教师应尊重幼儿的想法，让幼儿说说自己做的是什么，帮助幼儿理顺游戏思路。

（2）编织五彩绳主要以一定的规律进行重复操作，目的在于锻炼幼儿的手部精细动作，每个步骤的先后顺序都可能会导致不同的结果。对于幼儿来说，五彩绳是一种新鲜的事物，在平日生活中，教师指导的过程也要根据幼儿的学习习惯、生活习惯，把编织的过程细化，从而让幼儿掌握活动的操作过程，习得本领。

（3）在编织活动中，教师应注重对幼儿独立性的培养，注重幼儿自我的发展，耐心教授幼儿一些基本技能。教师也应注重对幼儿交往能力的培养，营造和谐、自由的氛围，让幼儿在共同游戏中主动交流，探讨游戏的玩法。

（4）在游戏中，教师可以适当对幼儿进行引导，在编织游戏开始前，教师可根据上次游戏的情况，提出一些简洁明了的意见，从而帮助幼儿完成得更好，激发幼儿的编织兴趣，提高幼儿的编织能力。

第三节 生活区活动与户外活动融合

一、生活区活动与户外活动融合的原则

（一）小班生活区活动与户外活动融合的原则

1. 安全性原则

幼儿的安全始终是放在首位的，小班幼儿年龄小，安全意识薄弱，因此在生活区活动与户外活动融合的过程中首先要注意安全性，创设一个安全且适宜的游戏环境，让幼儿在安全的游戏中获得身心的发展。

2. 情境性原则

一个生动、有趣的情境能激发幼儿的游戏兴致，提高幼儿的游戏质量。在户外农家乐中，幼儿开饭店、摘菜、做饭，将角色区从室内转移到户外，让幼儿亲近自然，融入自然，玩中学，学中玩，发展幼儿的切、炒、摘等技能。

（二）中班生活区活动与户外活动融合的原则

1. 渐进性原则

中班幼儿喜欢探索不同材料，拓展不同玩法。因此，活动要有计划、有步骤、按一定程序来进行，从简单到复杂，从少量到大量，循序渐进地开展活动。

2. 安全性原则

开展丰富多样的户外游戏活动，要把幼儿的安全置于首要地位。活动前教师应该充分检查材料是否安全，确保幼儿在活动中的安全。

（三）大班生活区活动与户外活动融合的原则

1. 适宜性原则

《纲要》指出，幼儿园教育活动的组织形式应根据需要合理安排，因时、因地、因内容、因材料灵活地运用。在开展户外大班生活区游戏时，注重幼儿生活经验的积累，生活区活动与户外活动内容的选择上应考虑幼儿的年龄特点。教师应支持幼儿在户外活动中学习基本的生活技能，在活动中体验与分享，如：掌握户外工具铲子的正确使用方法。

2. 创新性原则

教师应根据幼儿游戏时的兴趣及时更新调整活动内容。在室内，幼儿可以修剪

芦苇，利用芦苇秆捆绑、拼接成芦苇帘及立体的芦苇作品；在户外，幼儿可以利用PVC管进行搭建活动，锻炼手部的肌肉及动手操作能力，也可以创新性地进行种植地搭棚的户外游戏。

二、生活区活动与户外活动融合的注意事项

（一）小班生活区活动与户外活动融合的注意事项

1. 注意安全，将幼儿安全置于首位

定期检查游戏材料的安全情况，排除环境中的安全隐患，为幼儿创设一个安全、自然、愉悦的游戏环境。

2. 熟悉材料，吸引幼儿兴趣

户外自主游戏的材料非常重要，小班幼儿由于年龄特点，对游戏材料不熟悉会使游戏变得缺少趣味性，往往会出现幼儿玩一玩就没有兴趣的现象。因此，在开展小班户外自主游戏时，首先要投放幼儿熟悉的材料，通过集体讨论“怎么玩”，延伸出“你会怎么玩”“还能怎么玩”，扩大幼儿对材料的认知范围。

（二）中班生活区活动与户外活动融合的注意事项

1. 加强户外劳动工具的使用

幼儿对于户外劳动有着浓厚的兴趣，喜欢动手探索事物。在户外活动时教师可以结合劳动工具的使用开展劳动课程，如：开展种植活动，利用劳动工具进行刨地、除草、播种等，丰富幼儿的活动，使幼儿增加劳动技能方面的生活经验。

2. 基于幼儿的生活经验创设情境

幼儿的生活经验相对较少，教师在丰富幼儿生活经验、创设趣味情境时，也可以成为幼儿游戏的伙伴，通过提问、言语肢体引导等推动游戏情节的展开，丰富幼儿的游戏情境和生活经验。

（三）大班生活区活动与户外活动融合的注意事项

1. 注意工具、材料的安全性，提供安全防范的基本技能

在自然的户外环境中，幼儿活动是相对安全的。在活动中，需要教师有较强的目标意识，一定的指导能力，保证幼儿在安全的基础上活动，帮助幼儿建立相应的规则意识。幼儿在一次次的探索中，学会规避风险的办法，对于不安全的因素会有一定的判断能力，从而提高自我保护意识。

2. 提供丰富的、适合户外操作的游戏材料

在户外实践活动中，教师不仅要运用敏锐的眼光观察幼儿的需求，分析幼儿的经验基础，还要引导、组织幼儿灵活操作各种游戏材料，不断推动生活区活动与户

外活动相互融合发展，让幼儿自觉、主动地获得知识。

三、生活区活动与户外活动融合的策略

（一）小班生活区活动与户外活动融合的策略

1. 利用自然材料，丰富游戏内容

提供丰富、安全的游戏材料并进行定期检查，活动中多使用自然材料，引导幼儿与自然环境相互动，增加游戏主题，丰富游戏内容。

2. 创设情境，吸引幼儿兴趣

丰富幼儿的生活经验，根据幼儿的兴趣来创设情境，让幼儿在生动有趣的游戏中提高能力。

（二）中班生活区活动与户外活动融合的策略

1. 利用废旧材料，探索多种玩法

生活中废旧的瓶子、易拉罐、挂历纸、纸筒、奶盒等这些在大人看来并不起眼的东西在幼儿眼中却能变成好玩的玩具。为了丰富幼儿的户外活动，使户外活动材料得到优化，教师可以有效利用废旧材料在生活区制作小型体育玩具，充分挖掘体育器械的潜力，以物代物，一物多玩。

2. 一物多玩，实现多种价值

引导幼儿游戏时在使用主材料的基础上，创新材料的玩法，既增加难度，又使游戏情节得到相应的扩展。如“玩报纸”活动，可以让幼儿来创造玩法，卷成纸团、铺在地上滚、做成金箍棒等，也可以互相商议着一个人怎么玩，两个人、三个人、小组、全班怎么玩等。这时的活动就不再是单纯的动作训练，它伴随着幼儿认识、创造和解决问题的过程，所实现的价值是多方面的。

（三）大班生活区活动与户外活动融合的策略

1. 改变游戏形式，挖掘游戏内容，让幼儿创造性地玩

大班幼儿的自我意识、劳动能力不断增强，能够长时间专注探索物体的多种操作。生活区的活动空间拓展到户外时，打破了班级的界限，教师需要发挥户外活动潜在的教育功能，幼儿可以在户外活动中自由结伴，自选内容。户外活动一定程度上提高了幼儿的社会性发展，增强了活动的趣味性，幼儿在活动中学会了合作与分享。

2. 结合季节特点和周边资源特点，提供新鲜、具有创造性的活动材料，提高户外活动的质量

用厨余垃圾果皮进行简易的、探索性的游戏创设，利用剪刀、塑料刀将果皮剪、

切成一个个小块，用来制作水果酵素。由于果皮发酵过程中会产生气体，所以将装有果皮、水的瓶子放置于生活长廊上，定时进行排气。

四、生活区活动与户外活动融合的案例

（一）小班案例

观察实录：

子言和妍妍进入生活区，发现有两套小厨师的衣服。一开始，两名幼儿将帽子戴上，然后将围裙挂在脖子上，选择不戴袖套，开始游戏。教师发现幼儿的围裙带子没有系，提出：“可不可以请其他的幼儿帮助你们呢?”于是妍妍说道：“可是大家都不会穿这个衣服。”教师指着旁边的操作图说：“我们可以先试一试，先把围裙穿对。”妍妍说：“子言，我先帮你穿，你再帮我穿。”妍妍拿着两根绳子，教师在旁边提醒：“先将两根绳子交叉穿过，再重复交叉拉紧。”妍妍尝试了一会儿，自己边说边做，终于成功了。子言开始尝试，但是尝试了好一会儿还是没有成功。教师发现后，先帮子言打一个松松口子，子言只要把另一根放进去再拽紧，就能系好围裙。解决了穿围裙的难题，幼儿又开始讨论穿袖套的问题。教师说：“你们可以再试试请另一个幼儿帮忙。”有了第一次的成功，妍妍很开心地说：“我先来帮你，子言。”于是妍妍拿着袖套顶端的两侧，子言将胳膊伸进去，很快就能完成操作。经过一段时间，幼儿都能够在互相帮助下穿好工作服。

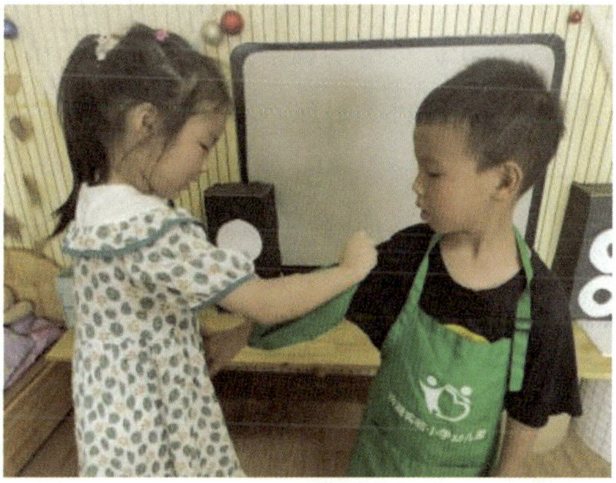

戴袖套

分析：

（1）教师发现幼儿在户外活动中出现了“穿衣难”的现象，于是在生活区投放材料引发幼儿的探索，引导幼儿明确穿工作服的游戏任务。教师发现幼儿面对材料时存在困难，于是适时地介入，通过语言进行指导，帮助幼儿理清要点，鼓励幼儿进行尝试。

（2）小班幼儿手部肌肉尚未得到完善的发展，所以在穿工作服的过程中“打结”这一精细动作对于幼儿来说存在一定的困难。每个幼儿的发展水平是不同的，所以会出现部分幼儿可以打结，而部分幼儿存在困难的情况。

（3）小班幼儿会对同伴的游戏行为进行无意识的模仿，但当遇到问题的时候很少会请求同伴帮忙。当有一名幼儿知道如何穿戴工作服时，游戏的过程中也会引起其他幼儿的模仿。

指导策略：

（1）有的放矢，教师可以针对“穿衣难”的现象设计比赛，根据幼儿的发展需要投放更多的工作服，引导幼儿探索。《指南》指出，幼儿的学习是以直接经验为基础，在游戏和日常生活中进行的。教师在幼儿的游戏和日常活动中要作为一个观察者对幼儿进行持续观察，在发现教育和学习契机之后，要主动创设条件和游戏情境帮助幼儿进行学习探索。

（2）使用一些趣味性的语言进行指导，这样幼儿在“打结”的过程中可以边说边做，帮助幼儿理解。

（3）逐层展开，引发幼儿参与的兴趣。一开始可以鼓励幼儿尝试穿工作服，经过一段时间，幼儿熟练之后，可以鼓励幼儿开展穿工作服的比赛，看谁穿得又快又好。针对不同发展水平的幼儿可以设置不同的难度，引导幼儿逐步提升。

（4）分享交流，鼓励幼儿积极展示自我。可以请能够熟练穿工作服的幼儿展示自己穿工作服的步骤，分享自己穿工作服的技巧，引发其他幼儿的学习。

（二）中班生活区活动与户外活动融合的案例

观察实录：

区域游戏开始了，幼儿来到了生活区，打算用竹竿支起简易帐篷来当作休息区，但是现有的材料只有一些竹竿，需要幼儿自己动手搭建帐篷。该如何用竹竿搭建帐篷呢？幼儿陷入了思考。为了给予幼儿搭帐篷的经验基础，教师在班级的生活区投入了短的竹竿及绳子等搭帐篷的材料，让幼儿在室内先尝试练习搭建迷你小帐篷。

一开始幼儿根据自己的已有经验决定搭建一个三角形的帐篷，将三根竹竿顶端用绳子捆绑固定，由三名幼儿分别固定住三根竹竿，再由一名幼儿将顶端用绳子一圈一圈缠绕住每一根竹竿，然后拉紧绳子，在教师的帮助下打结固定。帐篷完成后幼儿发现，三角形的帐篷可以随意地上下移动变化高度，并不牢固，容易倒塌，于是幼儿又在帐篷的底部架上一根竹竿，由一名幼儿支撑，两名幼儿同时缠绕、捆绑住旁边的杆子。在生活区完成了小帐篷的搭建之后，幼儿尝试将小帐篷模拟投入使用。在活动中发现，风一吹小帐篷很容易倒，教师引导幼儿一起观察了一些生活中帐篷的图片之后，幼儿想到了给小帐篷打地钉，用绳子绑住帐篷的每一根支柱，同时在绳子的另一头绑上钉子，将钉子敲进泥土里，这样小帐篷就能通过绳子固定住了，确保游戏过程中幼儿的安全。

搭帐篷 1

搭帐篷 2

分析：

（1）《指南》指出，幼儿的学习是以直接经验为基础，在游戏和日常生活中进行的。教师应以游戏和日常生活为教育契机，鼓励幼儿积极探索、勇敢尝试，探索发现身边的自然资源带来的重大作用，帮助幼儿获得更多的知识与经验，掌握基本的生活技能，并在游戏和日常生活中培养幼儿良好的行为习惯。

（2）良好游戏环境的创设可以激发幼儿的游戏兴趣，确保幼儿的主体地位。在户外活动中幼儿发现活动中的问题，及时表明自己的需要，同时通过自主研讨的方式发现了搭建小帐篷的方法，通过在生活区的试验练习，获得了搭帐篷的经验积累。整个活动中幼儿自己探索思考，保持积极探索兴趣的同时也体现了幼儿的主体地位。

（3）《指南》指出，要创造条件和机会促进幼儿手的动作灵活协调。通过生活区搭帐篷、绕绳子、捆绑杆子、打结等精细动作，促进幼儿能力的提升。手是认识事物某些特征的重要器官，而手的动作主要是精细动作的发展，在幼儿期各项发育中起着非常重要的作用，通过手的运动，可以使幼儿认识事物各种属性和联系，幼儿的具体思维能力得到发展。手部的绕、稳定、打结，都能够很好地发展幼儿的精细动作。

指导策略：

（1）创设良好的游戏环境。在活动中，教师要给予幼儿更多尝试机会，让幼儿有独立的探索过程，不要因为幼儿的失败而包办替代，要耐心等待幼儿，幼儿一次失败的尝试会是下一次成功的基础。幼儿的一些精细动作需要在多次反复的练习中慢慢掌握，教师在为幼儿建立经验基础的同时也要给予其足够的耐心与支持。

（2）手部精细动作发展，是一个由整体到分化、由不随意到随意、由不准确到准确的持续发展过程，这需要家园合作，根据幼儿的个体差异，教师与家长团结一心，耐心等待，细致引导，共同提高幼儿手部肌肉的灵活性，发展幼儿的精细动作。

（3）巧妙利用户外材料。在户外游戏过程中，幼儿发现问题并及时寻找方法解决问题，巧妙利用身边的材料。在搭帐篷的游戏中幼儿发现了竹竿的巧妙作用，同时教师也可以鼓励幼儿发现身边的其他资源，并进行大胆的尝试。

（三）大班案例

观察实录：

今天我们要进行烤红薯活动，活动开始前幼儿需在生活区用锡纸包红薯。来到生活区，聪聪迫不及待地拿起一张锡纸，将红薯放在上面，可是他在包裹的时候发现锡纸总是松松垮垮的，红薯的一角总是露出来。他着急地皱起了眉头，尝试了几次都没有成功。这时，他向旁边的菲菲投去了求助的目光。菲菲看了一下，两人一起研究起来。他们发现是锡纸的边没有折好，于是重新整理锡纸，先将红薯稳稳地放在中间，然后把锡纸的两边慢慢折起来，再把上下的边也仔细地折好压实，终于严严实实地把红薯包好了。

包好红薯后，接下来就是搭灶台环节。赵子瑞自告奋勇地站出来，大声说："我来当指挥！"在他的组织下，孩子们分成了几个小组，有的负责搬运砖块，有的负责搭建。周一和沈翊禾力气较大，他们一趟又一趟地搬运着砖块，尽管累得气喘吁吁，但脸上始终带着灿烂的笑容。在搭建过程中，孩子们发现要搭一个稳固的灶台并不容易。他们最初搭的灶台形状歪歪扭扭，而且很不稳定，刚搭了几层就摇摇欲坠。这时，教师指导他们了解灶台的造型，孩子们在弄懂后将砖块围成一个圆形，一层一层地垒高。在大家的共同努力下，一个稳固的圆形灶台终于搭建完成。孩子们看着自己亲手搭建的灶台，成就感满满，在这个过程中，孩子们的团队协作能力、想象力和创造力都得到了充分的发挥。

包红薯

搭灶台

分析：

（1）在锡纸包红薯环节，聪聪从最初包裹失败到与菲菲共同研究发现问题并解决，展现了幼儿在面对新任务时积极尝试、不断探索的精神。他们通过观察和实践，掌握了锡纸包裹的技巧，提升了手部精细动作和解决实际问题的能力。在搭灶台时，孩子们经历了从搭建不稳定到在教师引导下构建出稳固圆形灶台的过程，这个过程中他们学会了思考结构的稳定性，尝试不同的搭建方法，动手能力和空间认知能力得到了锻炼。

（2）赵子瑞主动承担指挥角色，组织孩子们分组进行搬运砖块和搭建工作，体现了其初步的领导能力。周一和沈翊禾在搬运砖块过程中虽辛苦却能一直坚持，各小组的孩子们相互配合，为了共同目标一起努力，在交流与协作中增强了团队凝聚力和合作意识，学会倾听他人意见并发挥自身优势。

（3）整个活动过程中，孩子们从一开始的兴奋期待，到遇到困难时的着急，再到成功后的成就感满满，丰富的情感体验有助于他们情感的成熟和心理韧性的培养。同时，在搭建灶台过程中对形状、结构的探索和认知，以及对烤红薯流程的实践参与，拓宽了他们的生活常识和科学认知。

指导策略：

（1）在活动开始前，教师可详细讲解锡纸包红薯的多种方法和要点，如不同大小红薯对应的锡纸用量、折叠顺序等，并进行示范操作。对于搭灶台，可展示一些简单的灶台结构图片或模型，让幼儿对灶台的基本形状和稳固原理有初步了解，激发他们在活动中的创造力，促使他们产生多种不同的思考方向。

（2）教师密切观察幼儿的操作过程，当幼儿在包红薯或搭灶台遇到困难且经过一段时间自主尝试仍无法解决时，适时介入。如在聪聪和菲菲包裹红薯遇到困难时，可先让他们自行探索一会儿，再给予一些启发性的引导，如“你们看看这个角为什么包不住呢？是不是有什么地方可以调整？”在搭灶台不稳定时，引导幼儿回忆之前看到的灶台结构图片，或者爷爷奶奶家灶台的形状，思考如何改进。

（3）活动结束后，组织幼儿一起回顾整个烤红薯的过程，让幼儿分享自己在锡纸包红薯、搭灶台、烤红薯过程中的感受、遇到的问题及解决方法。教师进行总结和补充，强化幼儿在活动中获得的知识和技能，如锡纸包裹技巧、灶台搭建要点、烤红薯的火候控制等，同时引导幼儿思考团队合作的重要性和面对困难时坚持探索的意义。

（4）根据本次活动内容，推荐一些相关的拓展活动，如在生活区可以开展“红薯美食创意制作”活动，让幼儿尝试用烤好的红薯制作其他美食。也可以向幼儿介绍红薯在不同地区的吃法，如红薯粥、红薯饼、拔丝红薯等。可以在生活区通过图片的形式呈现，拓宽幼儿的视野，激发他们对美食文化的兴趣。

第四节　生活区活动与教学活动融合

一、生活区活动与教学活动融合的原则

（一）小班生活区活动与教学活动融合的原则

1. 目标性原则

教学活动的目标与相应的生活区活动的目标相一致，教师在开展教学和生活区活动时要对目标有具体的把握，明确通过活动要让幼儿达成的目标和获得的经验，有目的、有计划地展开活动。

2. 互补性原则

教学活动与生活区活动相互补充、互相融合，当教学目标在仅有的活动时间内无法达成时，区域活动即可发挥其补充作用。而当在生活区活动中幼儿出现困难无法解决亦或是产生新的兴趣点时，又可以此来生成教学活动。

（二）中班生活区活动与教学活动融合的原则

1. 延伸性原则

在生活区活动中，让不同发展水平的幼儿根据自己的兴趣、需要和能力来参与活动，这是集体教学活动无法做到的。而且，集体教学活动时长较短，要让每一名幼儿的探索欲望都得到充分的满足，也是不可能的。因此，教师可以充分利用活动区的优势，把探索活动延续到活动区中。

2. 补充性原则

任何一种活动形式都具有两面性，教学活动与主题活动各具优势，也都存在各自的不足。教师要善于在区域活动中引导幼儿复习、巩固已有的知识经验。要努力创设与活动相适宜的区域和游戏环境，力求让幼儿在游戏情境和活动材料中获得与教学活动有关的知识经验和情感体验。在区域活动开展的同时，教师也要针对幼儿在活动区中出现的问题，及时解决并总结反思，提升和巩固幼儿的知识经验。

（三）大班生活区活动与教学活动融合的原则

1. 主体性原则

幼儿是学习的主体，只有幼儿积极参与、主动建构，课程才能内化为他们的学

习经验，促进其身心发展。发挥主体性原则，要尊重幼儿人格、尊重幼儿需要、激发幼儿的主动性，要把活动的主体地位让给幼儿，让幼儿真正成为活动的主人。

2. 互动性原则

师幼互动作为幼儿园教育的基本表现形态，存在于幼儿一日生活之中，尤其表现在教学活动当中，并对幼儿的发展产生难以估量的重要影响。在教学活动中通过与幼儿的互动，及时捕捉幼儿的兴趣点，在师幼相互影响、相互作用、相互促进中，促进幼儿的发展。

二、生活区活动与教学活动融合的注意事项

（一）小班生活区活动与教学活动融合的注意事项

（1）关注幼儿对集体健康活动目标的达成情况，在区域中进行教学活动的补充，实现教学活动与生活区活动的双向融合。

（2）教师在生活区活动与教学活动融合的过程中还要注意避免只注重趣味性而忽略活动的目的性，开展生活区活动和教学活动的最终目的是让幼儿的身心和谐健康地发展。

（二）中班生活区活动与教学活动融合的注意事项

（1）避免生活区活动单纯模仿生活经验，不注重活动的内在价值，导致教师为了不明目的的形式而疲于应付，幼儿也糊里糊涂地紧跟着，大大降低了幼儿参与活动的质量。

（2）集体教学和区域活动都各有优势，要注意明确各自的价值、功能，优势互补。

（三）大班生活区活动与教学活动融合的注意事项

（1）不能重集体教学活动而轻区域活动。在教育教学活动中，部分教师将教育宽泛地理解为集体教学，因此将幼儿园区域活动只是当作一种幼儿游戏活动，每日只是摆弄材料。这也导致很多在生活活动中出现的学习机会被忽视。教师不能过度重视集体教学，而忽视了生活区活动的教育价值。

（2）不能重教师指导而轻幼儿自主性发展。自从幼儿教育课程改革以来，幼儿教师充分认识到游戏的重要性，注重在幼儿教育中开展游戏活动。但在游戏过程中出现了教师周密设计游戏、教师直接导演游戏、教师强调游戏的结果、转移幼儿游戏思路的现象，教师管理、指导幼儿的行为过多，忽视了幼儿的自主性。

三、生活区活动与教学活动融合的策略

（一）小班生活区活动与教学活动融合的策略

1. 在生活区活动中寻找难点并开展教学活动

在集体教学活动开始前，教师可以将相对应的材料先投入生活区，引导幼儿熟悉认识材料，激发幼儿的学习兴趣，帮助教师更好地了解幼儿的发展水平和活动难点，从而更好地进行目标定位。

2. 将教学活动中未完成的部分延伸到生活活动中

小班的集体教学活动时间较短，因此往往无法满足每一个幼儿的探索欲望。因此，可以根据幼儿的掌握情况将集体教学活动中未完成的部分继续投入到生活区活动中进行开展，将重点、难点进行分解，关注不同幼儿的兴趣点，促进目标的有效达成。

（二）中班生活区活动与教学活动融合的策略

1. 在生活区活动中关注幼儿的兴趣和问题，生成教学活动

《纲要》提倡从生活中选择教育内容，要求注重随机教育。因此，在生活区活动中，教师应关注幼儿兴趣点，并对其进行正确的价值判断，将有发展价值的兴趣点作为教育的有效起点，生成新的集体教学活动，充分发挥幼儿主动性、创造性，让幼儿有真正学习的机会。

2. 在生活区活动中分解难点，更好地开展集体教学活动

集体教学活动中的部分难点可以在生活区活动中进行分解，让幼儿有足够的时间去发现问题、解决问题。在集体教学活动结束后，可以将集体教学活动中的操作材料投放在生活区，如集体活动“我换牙了”，可以将牙具模型、牙刷等材料投放在生活区，让幼儿了解换牙的相关知识，学习如何保护牙齿。

（三）大班生活区活动与教学活动融合的策略

1. 创设体验式生活区，为集体教学活动提供操作平台

《指南》指出，习惯的培养主要取决于后天的环境和教育，要用正确的方式、方法来培养幼儿良好的习惯。遵循“基于幼儿”的教育理念，教师要顺应幼儿天性、关注幼儿兴趣、倾听幼儿需求，支持幼儿在体验中发展，在生活中成长。根据幼儿的年龄特点，教师须创设感知体验式的环境，让幼儿在与环境互动中，通过多种感官形成自己的意识，从而感知外部世界，激发内在情感，有效推进幼儿积累生活经验、养成生活习惯、发展生活技能。

2. 科学指导生活区活动，使教学活动更具方向性

在教育教学中，通过集体教学的形式，引导幼儿有目的地探究活动，与材料进行互动。对于生活区引发的一些共性问题，教师可以以集体教学活动的形式为幼儿讲解，使幼儿的探究更有方向性。

四、生活区活动与教学活动融合的案例

（一）小班案例

观察实录：

语言区“打电话”活动结束以后，教师在生活区投放了新材料：一部电话座机和一张电话号码表。凡凡和童童开始玩“打电话”的游戏。童童拿起电话跟凡凡说：“凡凡，你来我家玩吧！”凡凡答应后，两人就结束了通话。童童和凡凡两个人对视了一会儿，看着电话沉默了。教师问凡凡：“你去童童家玩，那你知道童童的家在哪里吗？”凡凡不好意思地笑着挠挠头：“我忘记问了。”教师又转头问童童：“你邀请凡凡到家里来玩，有没有商量几点钟来玩，玩什么呀？”童童摇摇头。凡凡马上拿起电话说：“我要给童童打个电话，刚刚没商量好呢。”

凡凡给童童打电话，问了时间和地址后，提议一起玩“过家家”的游戏，童童答应了。两人开始商量在家玩游戏需要什么东西。凡凡一边掰手指，一边说：“锅、勺子、菜……”童童说：“你说的太多了，我都记不住了。”凡凡提议把想到的东西都记下来，这样就不会忘记了。那用什么记呢？童童和凡凡商量后决定用笔和纸把自己觉得重要的东西都画下来。教师从美工区拿来了黑色水彩笔和彩纸，凡凡和童童一边讨论一边记录。“我不会画锅。”“你画个圆圆的就是锅呀。”

凡凡和童童开始玩过家家的游戏。两人给宝宝烧饭，突然“着火”了。凡凡马上拿起电话求救：“120 快点来救我呀！着火啦！”童童摇摇头说：“你打错电话啦！灭火打 119 呀！”童童指着电话表上的图画和号码说道。凡凡挂掉电话重新拨打 119 电话：“消防员叔叔快点来救我们！我们在××小区里！”教师问道：“消防员叔叔能不能在小区里找到你们呀？”接着，童童对着听筒说出了详细的家庭地址。

电话座机

电话号码表

打电话

分析：

（1）《指南》指出，小班幼儿需要具备基本的安全知识。通过教学活动，幼儿掌握了基本的打电话的方法，了解了一些较为重要的安全自救电话号码。游戏是幼儿的主要活动方式，幼儿在生活区的游戏中不断运用知识，并进行巩固。假装着火以后，凡凡和童童都知道打火警电话找消防员求救，在拨打号码时，凡凡和童童对120和119号码的认识更加深刻了。

（2）教学活动和生活区活动都是幼儿一日生活中的组成部分。应当打破教学活动和生活活动的壁垒，将两者融合。教学活动积累的相关经验可以作为幼儿生活区活动的一种经验准备。区域活动时，教师根据情况恰当地给予幼儿指导，促进幼儿在假想情境中进一步丰富生活经验，发展思维能力和语言表达能力。

（3）生活区活动可以是教学活动的延伸和补充，通过生活区活动，幼儿在熟悉的环境中得到经验的巩固和创造性思维的发展。进行“打电话”教学活动之后，教师在生活区增加了相应的电话座机和电话号码表的游戏材料供幼儿选择。幼儿通过想象创造游戏情境，拨打电话，将教学活动中所习得的经验运用到了生活区活动中，让教学活动中获得的经验得到运用。

指导策略：

（1）教师要有敏锐的观察力、快速的反应能力和良好的心理状态，能及时察觉幼儿的兴趣和需要，根据幼儿的兴趣和发展需要投放材料。“打电话”活动中，幼儿与他人一起制定游戏规则，重要的信息比较多，为了避免信息被遗忘，幼儿提议把电话内容记录下来，此时幼儿就需要一个记录工具。讨论过后，幼儿提出需要纸和笔。教师及时给幼儿提供了水彩笔和纸，于是幼儿运用自己看得懂的图画、符号等，记录下电话的内容。教师及时地提供游戏材料可以让幼儿保持游戏的兴趣，同时丰富游戏的内容，促进幼儿的全面发展。

(2) 教师要仔细观察，根据幼儿的游戏情况适时介入进行有效指导。教师可以通过问答的方式唤起幼儿的相关生活经验，从而推动游戏的进行。例如，提醒幼儿打求助电话时要理清思路头绪。让幼儿明白在紧急的情况下拨打 120 或者 119 寻求帮助时，自己需要提供哪些重要信息，如发生事故的地址、自己所处的环境等。游戏结束后，教师可以通过问答调动幼儿已有的相关生活经验，回顾简易的幼儿安全自救方法，进一步推动游戏的进行。教师与幼儿有效问答互动能推动游戏的进行，发展幼儿的思维能力和语言交流能力。

(3) 教师要引导幼儿知晓游戏的任务，鼓励幼儿在游戏中大胆交流与探索，增加相关生活经验。小班幼儿以直觉行动思维为主，他们的行动就是思维本身。他们一般不会想好了再做，而是做了再想。教师可以口头交流的形式，引导幼儿在打电话前明确打电话的目的是什么，是寻求帮助，还是与人商量制订计划等，鼓励幼儿大胆地说出自己的想法。在交流的过程中，讨论电话的功能，加深幼儿对游戏材料的了解和认识，有利于幼儿在游戏中发挥想象力和创造力。

（二）中班案例

观察实录：

为了进一步提升幼儿的手眼协调能力、配对能力，教师在生活区投放了长短不一、颜色图案各异的袜子，让幼儿的观察一只袜子的长短、颜色、图案，找到另一只袜子，不断提升配对的难度，让幼儿的能力得到有效锻炼。

铄铄来到了生活区，只见他取出新投放的游戏材料袜子筐，并将筐子中的袜子一股脑都倒在了桌面上，他把袜子铺开在桌面上，拿起一只红色的上面有黄色波点的袜子放在自己的面前。他歪着脑袋仔细打量着这只袜子，接着从一堆袜子中翻找，取出了一只红色的上面有黄色和绿色波点的袜子，拿着两只袜子，铄铄左右看着，嘴里小声嘀咕着："怎么没有绿色的波点呀。"铄铄小心地翻找，比对着，终于发现了相匹配的袜子。他激动地向旁边的幼儿喊道："我找到袜子啦！"铄铄马上将两只袜子放在一起，又开始寻找其他相匹配的袜子，很快他又找到了几双。但袜子因为没有摆放整齐，很容易混在一起。

袜子配对

教师上前引导："这么多袜子你都找对了，真厉害，那为了防止它们弄乱了，我们又该怎么做呢？”铄铄说：“夹起来。妈妈是这样晒袜子的。”教师点了点头，说：“那你也来把袜子夹起来吧！”铄铄用夹子小心地夹好袜子，发现长的木头夹子夹起来很方便，短的金属夹子用起来很费力。铄铄又将剩下的袜子进行了匹配，其他幼儿看到了也来帮忙一起找，最终将袜子都进行了配对。

分析：

在日常生活中教师关注到了幼儿的问题，幼儿常常午睡醒来后发现袜子找不到了，有时还会穿错袜子。为了帮助幼儿解决困难，教师开展了集体教学活动“袜子对对碰”。生活区“整理袜子”活动是在幼儿开展“袜子对对碰”活动之后进行的，集体教学活动的时间较短，一些技能的掌握还需要练习巩固，同时关于袜子幼儿还有许多想要了解的知识点，在集体教学活动中未完成的部分内容，教师又延伸到生活区活动中。通过配对袜子发展幼儿对长短的认识、对色彩的感知、对形状的辨别能力等。《指南》指出，4—5 岁幼儿能对事物或现象进行观察、比较，发现其相同与不同之处。铄铄在使用不同夹子夹袜子时还发现不同夹子所需要用到的力气也不同，丰富了对夹子的认知，发展了手部的力量和动作的协调性。同时在配对袜子的过程中幼儿的视觉能力得到了有效的锻炼。

指导策略：

让教学活动与生活区活动相辅相成，互相补充，共同促进幼儿能力的发展。教学活动之后，教师可利用班级中的生活区继续开展有关袜子的活动，即投放干净袜子，让幼儿在配对的基础上，用自己的方法整理袜子，如叠一叠、卷一卷、夹一夹等，提高幼儿的自理能力。在生活区也可延伸出相关的教学活动，如创意设计袜子，了解各种各样的袜子，开展穿袜子比赛、叠袜子比赛，激发幼儿的好胜心，发挥同伴的榜样作用，提升幼儿的动手能力、自理能力。

（三）大班案例

观察实录：

“老师，请你过来一下，这个鞋子的带子我不会系。”诺诺在排队过程中，鞋带散了。教师在帮助诺诺系鞋带之后，发现很多幼儿不会系鞋带，于是开展了“我会系鞋带”的集体教学活动。活动中，教师讲解了系鞋带的一些技巧，带领幼儿一起学习系鞋带的方法，幼儿一人一双鞋子练习系鞋带。集体教学活动结束后，教师在生活区投放了鞋板。区域游戏时，小陆来到了生活区，他选择了鞋板。他将鞋板上的鞋带解开，捏着鞋带的一端依次穿进鞋板的每一个小孔中。鞋带的一端越来越短，不能继续穿进鞋板，小陆又把鞋带解开了。他看了看旁边的小溪，看到她把鞋带的两端拉到一样长，交替着穿进鞋板小孔中，小陆也跟着学起来。穿好鞋带，开始系鞋带。小溪拉着鞋带的两端，绕一绕，拉一拉，一个整齐的蝴蝶结就完成了。小陆拉着鞋带的两端，在手里绕来绕去，但是一拉，鞋带就散开了，他对小溪说："你怎么系鞋带的？可以教教我吗？"小溪说："可以啊。"小溪来到小陆的旁边，系给他看，小陆仔细地观察着。小陆自己尝试系鞋带，小溪还细心地在旁边帮助他。刚开始小陆并不能顺利地系好鞋带，经过不断地练习，只见两条长长的鞋带在他的手中翻动，一绕、一压、一系、一拉，终于一个蝴蝶结在他手中绽放了，他的脸上露出了自豪的笑容。

集体教学

系鞋带

分析：

（1）《纲要》指出，教育内容应当根据教育目标、幼儿实际水平和兴趣确定，以循序渐进为原则，有计划地选择和组织。结合日常生活，教师发现很多幼儿不会系鞋带，于是根据幼儿的年龄特点与水平开展了集体教学活动，让大班幼儿通过集体教学学习如何系鞋带，将鞋板教具投入生活区，让能力弱的幼儿后续到生活区进一步练习。

（2）《指南》指出，幼儿要具有基本的生活自理能力，其中一项就是会自己系鞋带。在整个活动中，幼儿自由、自主、愉悦。小溪的自理能力比较强，她会系鞋带，在活动过程中，她能够帮助同伴，有助人为乐的精神。小陆在平时的学习生活中是一个接受能力比较强的孩子，在遇到自己不会的事情时能够主动去寻求别人的帮助，愿意学习。

（3）在游戏过程中，幼儿通过自己系鞋带，不仅发展了逻辑思维和动手能力，而且在手部肌肉也会得到较好的锻炼，提高了生活自理能力。

指导策略：

（1）系鞋带是生活区比较常见的区域活动。幼儿的水平不同，因此，会存在一部分幼儿不会系鞋带。面对这样的情况，教师不应该包办代替，而是要引导鼓励幼儿，学习并掌握系鞋带的动作技巧。对于已经熟悉掌握的幼儿，教师可以通过比赛的方式让其进一步巩固技能。教师也可以提供多种系鞋带方式供幼儿参考，同时在生活区中提供示意图，引导幼儿学会观看示意图，根据示意图进行操作。教师还可以将系鞋带的步骤变成朗朗上口的歌谣，帮助幼儿掌握系鞋带的技巧。

（2）对于活动中存在困难的幼儿，教师可以进行细致的分组，让能力强的幼儿展示给能力弱的幼儿看，以强带弱，发展幼儿动手能力的同时，增进幼儿的社会性发展，能力较弱的幼儿得到帮助的同时，能力强的幼儿也得到更多发展。

后记

当我们完成《幼儿园区域创设与活动指导：生活区》这本书的编撰时，内心充满了感激。真挚地感谢那些无私奉献、积极参与的老师们，是你们的智慧和努力，为本书注入了生命力。在编写过程中，每一位老师都以极高的热情和责任心，对每一个细节进行深入探讨，确保内容的准确性和实用性。大家执着的敬业精神，是我们完成此书的重要支撑。

我们要向那些提供案例的一线教师们致以崇高的敬意——江苏省汾湖高新技术产业开发区城区幼儿园陈海玲、张静、陈思雯、顾艳红、任艺凡、张娟、张雯雯、沈文艺、龚黎平等，你们的实践经验是本书最宝贵的财富，正是有了你们在教育一线多年的积累和总结，我们才能够从中提炼出具有指导意义的实践案例，这些案例不仅为本书增色不少，更为广大教师提供了可借鉴的经验。

还要特别感谢张晗教授，他提出的“经验视野”理念与伴随式指导，使本书所阐述的各阶段探索经验得以有效提炼，并最终得以出版与大家见面。

此外，要感谢苏州市吴江区教育局关心和支持我们的领导，是你们的决策和推动，让本书的编写得以顺利进行，为我们的研究工作提供了强大的后盾。

未来的路还很长，我们将继续努力，为孩子们的茁壮成长贡献更多的力量。愿每一个孩子都能在生活的海洋中自由逐浪，发现未知的世界，收获知识的果实。